新时代乡村振兴百问百答丛书　　何　丞/主编

农民

就业创业

百问百答

胡延华　李世超/编著

SPM
南方出版传媒
广东人民出版社
·广州·

图书在版编目（CIP）数据

农民就业创业百问百答／胡延华，李世超编著. —广州：广东人民出版社，2019.9

（新时代乡村振兴百问百答丛书）

ISBN 978-7-218-13692-9

Ⅰ. ①农… Ⅱ. ①胡… ②李… Ⅲ. ①农民—劳动就业—中国—问题解答 ②农民—创业—中国—问题解答 Ⅳ. ①D669.2-44 ②F323.6-44

中国版本图书馆 CIP 数据核字（2019）第 136860 号

NONGMIN JIUYE CHUANGYE BAIWENBAIDA

农民就业创业百问百答

胡延华　李世超　编著

版权所有　翻印必究

出　版　人：肖风华

责任编辑：卢雪华　李尔王
封面设计：末末美书
插画绘图：詹颖钰
责任技编：周　杰　吴彦斌　周星奎

出版发行：广东人民出版社
地　　址：广州市海珠区新港西路 204 号 2 号楼（邮政编码：510300）
电　　话：（020）85716809（总编室）
传　　真：（020）85716872
网　　址：http://www.gdpph.com
印　　刷：佛山市浩文彩色印刷有限公司
开　　本：889mm×1194mm　1/32
印　　张：5.625　字　数：135 千
版　　次：2019 年 9 月第 1 版　2019 年 9 月第 1 次印刷
定　　价：25.00 元

如发现印装质量问题，影响阅读，请与出版社（020-85716808）联系调换。
售书热线：020-85716826

总　序

　　党的十九大提出实施乡村振兴战略，是以习近平同志为核心的党中央着眼党和国家事业全局，深刻把握现代化建设规律和城乡关系变化特征，顺应亿万农民对美好生活的向往，对"三农"工作作出的重大决策部署，是新时代做好"三农"工作的总抓手。习近平总书记十分关心乡村振兴工作，多次对乡村振兴工作作出部署或者具体指示。比如，2017 年 12 月习近平总书记主持召开中央农村工作会议，对走中国特色社会主义乡村振兴道路作出全面部署；2018 年 7 月，习近平总书记对实施乡村振兴战略作出重要指示，强调各地区各部门要充分认识实施乡村振兴战略的重大意义，把实施乡村振兴战略摆在优先位置，坚持五级书记抓乡村振兴，让乡村振兴成为全党全社会的共同行动；2018 年 9 月，习近平总书记在十九届中共中央政治局第八次集体学习会上，深刻阐述了实施乡村振兴战略的重大意义、总目标、总方针、总要求，强调实施乡村振兴战略要按规律办事，要注意处理好长期目标和短期目标的关系、顶层设计和基层探索的关系、充分发挥市场决定性作用和更好发挥

目 录
CONTENTS

第一章 为什么说乡村振兴，产业兴旺是重点?

1. 为什么说乡村振兴，产业兴旺是重点? / 003

2. 如何提升农业发展质量，培育乡村发展新动能? / 004

3. 如何发展壮大乡村产业? / 007

4. 如何激发农村创新创业活力? / 009

5. 为什么说"一人创业、带动致富"? / 010

6. 如何破解乡村振兴的人才瓶颈制约? / 011

7. 为什么说农村劳动力是乡村振兴的主力军? / 013

8. 提升农村劳动力就业质量的总体目标和要求是什么?
   / 014

9. 如何促进农村劳动力转移就业? / 015

I

二 第二章 就业，您准备好了吗？

10. 求职前您做好准备了吗？ / 019

11. 有哪些就业的基本权利和义务？ / 020

12. 求职过程中经常遇到哪些诈骗行为？ / 021

13. 遭遇敲诈欺骗时怎么办？ / 022

14. 您认识这些安全生产标志吗？ / 023

三 第三章 社会保险知多少？

15. 什么是社会保险？ / 033

16. 城镇个体户能办理社会保障卡吗？怎么办理？如何使用？ / 033

17. 您有权参加基本养老保险吗？ / 034

18. 您有权参加基本医疗保险吗？ / 035

19. 您有权参加失业保险吗？ / 036

20. 您有权参加工伤保险吗？ / 037

21. 用人单位应该为试用期的劳动者缴纳社会保险吗？有的单位自行规定工作满一定时间（如一年）才给职工缴纳社会保险，这合理吗？ / 038

22. 如果达到退休年龄，养老保险还没缴够 15 年怎么办？
    / 039

23. 跨省就业后，如何办理企业职工基本养老保险关系
    转移？如何计算缴费年限？ / 040

24. 能否同时办理企业职工基本养老保险和城乡居民养老
    保险，并享受双份养老保险待遇？ / 041

25. 已在工作单位参加了职工医保，还可以在户口所在地
    参加居民医保吗？ / 042

26. 医疗保险异地就医如何申请和结算？ / 042

27. 农村学生考入大学，在原籍买过居民医保，到大学后
    还要购买学校的医保吗？如果不购买学校医保，在
    学校期间发生的医疗费用如何报销？ / 043

28. 领取失业保险待遇的条件是什么？待遇有哪些？ / 044

29. 如何申领城乡居民养老金待遇？ / 045

30. 参保职工在什么情形下可以按照国家规定享受生育
    津贴？ / 046

31. 参保女职工异地生育能否享受生育保险待遇？ / 046

32. 哪些情况下可以认定为工伤？ / 047

33. 发生工伤事故或被诊断为职业病后，如何申请工伤
    认定？ / 048

34. 工伤人员的伤残津贴和护理费可以发放多久？ / 049

35. 全国统一的社会保障服务热线电话是多少？ / 050

36. 职业年金的缴费标准是如何规定的？ / 051

第四章 农民合法权益如何维护？

37. 签订劳动合同应注意哪些事项？ / 057

38. 被无故克扣或者拖欠工资怎么办？ / 058

39. 解除或者终止劳动合同要给劳动者补偿金吗？ / 059

40. 在务工过程中，您的权益受到侵害怎么办？ / 061

41. 如何申请劳动争议仲裁？ / 062

42. 劳动合同形式上有哪些陷阱？ / 063

43. 您依法享有哪些工作待遇？ / 065

44. 什么是法律援助？如何申请？ / 066

第五章 美好城市欢迎您！

45. 居住证有什么用？怎么办理？ / 071

46. 外出务工租房应注意什么？ / 071

47. 外出务工初来乍到应该怎么办？ / 073

48. 进城务工人员子女义务教育阶段读书有哪些途径？

/ 073

49. 异地高考相关规定有哪些？ / 074

第六章 您做好人生的职业发展规划了吗?

50. 哪些人可以被认定为就业困难人员？就业困难人员可以享受什么帮扶措施？ / 079
51. 职业培训证书、国家职业资格证书和岗位能力证书三者之间有什么区别？职业培训证书和岗位能力证书两者之间有同等效力吗，是否可以视为一致？ / 080
52. 常见的技能培训方式有哪些？ / 080
53. 职业资格各等级的申报条件有哪些？ / 081
54. 技能提升补贴可以申请几次？不同职业同一等级证书可以同时申请吗？ / 082
55. 国家对新生代农民工培训有哪些具体措施？ / 083

第七章 如何开启创业路?

56. 创业有什么好处？ / 089
57. 创业有什么风险？ / 090
58. 农民创业都能做什么？ / 091
59. 创业的模式有哪些，如何选择？ / 093
60. 各类型组织形式如何注册？ / 095

第十一章　农民创业如何结合新经济互联网？

93. "双创"对农民创业什么影响？　/ 153

94. 分享经济能带来什么创业机会？　/ 154

95. 农村电子商务的发展趋势如何？　/ 155

96. 怎么做微商创业？　/ 156

97. 农村电子商务创业有什么诀窍？　/ 158

后记　/ 164

第一章
为什么说乡村振兴，产业兴旺是重点？

政策

1. 为什么说乡村振兴，产业兴旺是重点？

习近平总书记指出，乡村振兴要全面振兴，实现乡村产业振兴、人才振兴、文化振兴、生态振兴、组织振兴。乡村振兴，产业兴旺是重点。产业是发展的根基，产业兴旺，农民收入才能稳定增长。习近平总书记强调，要推动乡村产业振兴，紧紧围绕发展现代农业，围绕农村一二三产业融合发展，构建乡村产业体系，实现产业兴旺，把产业发展落到促进农民增收上来，全力以赴消除农村贫困，推动乡村生活富裕。乡村产业体系越健全，农民增收渠道就越通畅。要整体谋划农业产业体系，以农业供给侧结构性改革为主线，着眼推进产业链、价值链建设，推动一二三产业融合发展，实现一产强、二产优、三产活，推动农业生产全环节升级，加快形成从田间到餐桌的现代农业全产业链格局，形成一二三产业融合发展的现代农业产业体系。《中共中央　国务院关于实施乡村振兴战略的意见》指出，乡村振兴，产业兴旺是重点。必须坚持质量兴农、绿色兴农，以农业供给侧结构性改革为主线，加快构建现代农业产业体系、生产体系、经营体系，提高农业创新力、竞争力和全要素生产率，加快实现由农业大国向农业强国转变。

2. 如何提升农业发展质量，培育乡村发展新动能？

《中共中央　国务院关于实施乡村振兴战略的意见》指出，提升农业发展质量，培育乡村发展新动能主要抓如下几个方面工作：

（1）夯实农业生产能力基础。深入实施藏粮于地、藏粮于技战略，严守耕地红线，确保国家粮食安全，把中国人的饭碗牢牢端在自己手中。全面落实永久基本农田特殊保护制度，加快划定和建设粮食生产功能区、重要农产品生产保护区，完善支持政策。大规模推进农村土地整治和高标准农田建设，稳步提升耕地质量，强化监督考核和地方政府责任。加强农田水利建设，提高抗旱防洪除涝能力。实施国家农业节水行动，加快灌区续建配套与现代化改造，推进小型农田水利设施达标提质，建设一批重大高效节水灌溉工程。加快建设国家农业科技创新体系，加强面向全行业的科技创新基地建设。深化农业科技成果转化和推广应用改革。加快发展现代农作物、畜禽、水产、林木种业，提升自主创新能力。高标准建设国家南繁科研育种基地。推进中国农机装备产业转型升级，加强科研机构、设备制造企业联合攻关，进一步提高大宗农作物机械国产化水平，加快研发经济作物、养殖业、丘陵山区农林机械，发展高端农机装备制造。优化农业从业者结构，加快建设知识型、技能型、创新型农业经营者队伍。大力发展数字农业，实施智慧农业林业水利工程，推进物联网试验示范和遥感技术应用。

（2）实施质量兴农战略。制定和实施国家质量兴农战略规划，建立健全质量兴农评价体系、政策体系、工作体系和考核体系。深入推进农业绿色化、优质化、特色化、品牌化，调整优化农业生产力布局，推动农业由增产导向转向提质导向。推进特色农产品优势区创建，建设现代农业产业园、农业科技园。实施产业兴村强县行动，推行标准化生产，培育农产品品牌，保护地理标志农产品，打造"一村一品""一县一业"发展新格局。加快发展现代高效林业，实施兴林富民行动，推进森林生态标志产品建设工程。加强植物病虫害、动物疫病防控体系建设。优化养殖业空间布局，大力发展绿色生态健康养殖，做大做强民族奶业。统筹海洋渔业资源开发，科学布局近远海养殖和远洋渔业，建设现代化海洋牧场。建立产学研融合的农业科技创新联盟，加强农业绿色生态、提质增效技术研发应用。切实发挥农垦在质量兴农中的带动引领作用。实施食品安全战略，完善农产品质量和食品安全标准体系，加强农业投入品和农产品质量安全追溯体系建设，健全农产品质量和食品安全监管体制，重点提高基层监管能力。

（3）构建农村一二三产业融合发展体系。大力开发农业多种功能，延长产业链、提升价值链、完善利益链，通过保底分红、股份合作、利润返还等多种形式，让农民合理分享全产业链增值收益。实施农产品加工业提升行动，鼓励企业兼并重组，淘汰落后产能，支持主产区农产品就地加工转化增值。重点解决农产品销售中的突出问题,加强农产品产后分级、包装、营销,建设现代化农产品冷链仓储物流体系,打造农产品销售公共服务平台,支持供销、邮政及各类企业把服务网点延伸到乡村,健全农产品产销稳定衔接机制,大力建设具有广泛性的促进农村电子商务发展的基础设施,鼓励支持各类市场主体创新发展基于互联网的新型农业产业模式,深入实施电子商务进农村综合示范,加快推进农村流通现代化。实施休闲农业和乡村旅游精品工程,建设一批设施完备、功能多样的休闲观光园区、森林人家、康养基地、乡村民宿、特色小镇。对利用闲置农房发展民宿、养老等项目,研究出台消防、特种行业经营等领域便利市场准入、加强事中事后监管的管理办法。发展乡村共享经济、创意农业、特色文化产业。

(4)构建农业对外开放新格局。优化资源配置,着力节本增效,提高中国农产品国际竞争力。实施特色优势农产品出口提升行动,扩大高附加值农产品出口。建立健全中国农业贸易政策体系。深化与"一带一路"沿线国家和地区农产品贸易关系。积极支持农业走出去,培育具有国际竞争力的大粮商和农业企业集团。积极参与全球粮食安全治理和农业贸易规则制定,促进形成更加公平合理的农业国际贸易秩序。进一步加大农产品反走私综合治理力度。

(5)促进小农户和现代农业发展有机衔接。统筹兼顾培育新型农业经营主体和扶持小农户,采取有针对性的措施,把小农生产引入现代农业发展轨道。培育各类专业化市场化服务组织,推进农业生产全程社会化服务,帮助小农户节本增效。发展多样化的联合与合作,提升小农户组织化程度。注重发挥新型农业经营主体带动作用，打造区域公用品牌，开展农超对接、农社对接，帮助小农户对接市场。扶持小农户发展生态农业、设施农业、体验农业、定制农业，提高产品档次和附加值，拓展增收空间。改善小农户生产设施条件，提升小农户抗风险能力。研究制定扶持小农生产的政策意见。

3. 如何发展壮大乡村产业？

2019 年中央一号文《中共中央　国务院关于坚持农业农村优先发展做好"三农"工作的若干意见》（"三农"指农村、农业、农民）指出，要从如下几个方面着手发展壮大乡村产业：

（1）加快发展乡村特色产业。因地制宜发展多样性特色农业，倡导"一村一品""一县一业"。积极发展果菜茶、食用菌、杂粮杂豆、薯类、中药材、特色养殖、林特花卉苗木等产业。支持建设一批特色农产品优势区。创新发展具有民族和地域特色的乡村手工业，大力挖掘农村能工巧匠，培育一批家庭工场、手工作坊、乡村车间。健全特色农产品质量标准体系，强化农产品地理标志和商标保护，创响一批"土字号""乡字号"特色产品品牌。

（2）大力发展现代农产品加工业。以"粮头食尾""农头工尾"为抓手，支持主产区依托县域形成农产品加工产业集群，尽可能把产业链留在县域，改变农村卖原料、城市搞加工的格局。支持发展适合家庭农场和农民合作社经营的农产品初加工，支持县域发展农产品精深加工，建成一批农产品专业村镇和加工强县。统筹农产品产地、集散地、销售地批发市场建设，加强农产品物流骨干网络和冷链物流体系建设。培育农业产业化龙头企业和联合体，推进现代农业产业园、农村产业融合发展示范园、农业产业强镇建设。健全农村一二三产业融合发展利益联结机制，让农民更多分享产业增值收益。

（3）发展乡村新型服务业。支持供销、邮政、农业服务公司、农民合作社等开展农技推广、土地托管、代耕代种、统防统治、烘干收储等农业生产性服务。充分发挥乡村资源、生态和文化优势，发展适应城乡居民需要的休闲旅游、餐饮民宿、文化体验、健康养生、养老服务等产业。加强乡村旅游基础设施建设，改善卫生、交通、信息、邮政等公共服务设施。

（4）实施数字乡村战略。深入推进"互联网＋农业"，扩大农业物联网示范应用。推进重要农产品全产业链大数据建设，加强国家数字农业农村系统建设。继续开展电子商务进农村综合示范，实施"互联网＋"农产品出村进城工程。全面推进信息进村入户，依托"互联网＋"推动公共服务向农村延伸。

（5）促进农村劳动力转移就业。落实更加积极的就业政策，加强就业服务和职业技能培训，促进农村劳动力多渠道转移就业和增收。发展壮大县域经济，引导产业有序梯度转移，支持适宜产业向小城镇集聚发展，扶持发展吸纳就业能力强的乡村企业，支持企业在乡村兴办生产车间、就业基地，增加农民就地就近就业岗位。稳定农民工就业，保障工资及时足额发放。加快农业转移人口市民化，推进城镇基本公共服务常住人口全覆盖。

（6）支持乡村创新创业。鼓励外出农民工、高校毕业生、退伍军人、城市各类人才返乡下乡创新创业，支持建立多种形式的创业支撑服务平台，完善乡村创新创业支持服务体系。落实好减税降费政策，鼓励地方设立乡村就业创业引导基金，加快解决用地、信贷等困难。加强创新创业孵化平台建设，支持创建一批返乡创业园，支持发展小微企业。

4. 如何激发农村创新创业活力？

习近平总书记强调，创新是社会进步的灵魂，创业是推动经济社会发展、改善民生的重要途径。《乡村振兴战略规划（2018—2022 年）》明确指出，坚持市场化方向，优化农村创新创业环境，放开搞活农村经济，合理引导工商资本下乡，推动乡村"大众创业、万众创新"，培育新动能，激发农村创新创业活力。2019 年中央一号文《中共中央　国务院关于坚持农业农村优先发展做好"三农"工作的若干意见》指出，鼓励外出农民工、高校毕业生、退伍军人、城市各类人才返乡下乡创新创业，支持创建一批返乡创业园，支持发展小微企业。当前，乡村振兴战略正在持续实施推进，新时代农民正在就业创业中实现转型，农民企业家不断涌现。农业农村部部长韩长赋在博鳌亚洲论坛 2018 年年会"转型中的农民与农村"分论坛上透露，"全国 2.8 亿农民工进城打工，700 万人到农村创业创新，并且还在快速增加。"农民就业质量显著提高、创业减贫致富效应明显。

5. 为什么说"一人创业、带动致富"？

党的十九大报告中提出要实施乡村振兴战略，"促进农村一二三产业融合发展，支持和鼓励农民就业创业，拓宽增收渠道"，"大规模开展职业技能培训，注重解决结构性就业矛盾，鼓励创业带动就业。提供全方位公共就业服务，促进高校毕业生等青年群体、农民工多渠道就业创业"。在中国实施"大众创业、万众创新"背景下，特别是随着党中央、国务院出台了《关于支持农民工等人员返乡创业的意见》《关于支持返乡下乡人员创业创新促进农村一二三产业融合发展的意见》《关于促进农村创业创新园区（基地）建设的指导意见》《关于进一步支持农民工等人员返乡下乡创业的意见》等促进农民创业的政策支持文件，全国各地各有关部门把农村创业创新作为重大战略任务进行谋划实施，创业环境不断优化，创业型经济正逐步发展成为中国农村区域经济社会发展的重要推进力量，家庭农场、种养大户、农民合作社、农业企业和农产品加工流通企业等农村新型经营主体不断涌现，农民创业迎来了蓬勃发展的新生机。农民创业催生了农业农村的新产业、新业态、新技术，

"一人创业、带动致富"的农民创业景象正在形成，农民创业正成为减贫脱贫的活力新引擎和区域经济社会发展的新力量。

6. 如何破解乡村振兴的人才瓶颈制约？

《中共中央　国务院关于实施乡村振兴战略的意见》指出，实施乡村振兴战略，必须破解人才瓶颈制约。要把人力资本开发放在首要位置，畅通智力、技术、管理下乡通道，造就更多乡土人才，聚天下人才而用之。

（1）大力培育新型职业农民。全面建立职业农民制度，完善配套政策体系。实施新型职业农民培育工程。支持新型职业农民通过弹性学制参加中高等农业职业教育。创新培训机制，支持农民专业合作社、专业技术协会、龙头企业等主体承担培训。引导符合条件的新型职业农民参加城镇职工养老、医疗等社会保障制度。鼓励各地开展职业农民职称评定试点。

（2）加强农村专业人才队伍建设。建立县域专业人才统筹使用制度，提高农村专业人才服务保障能力。推动人才管理职能部门简政放权，保障和落实基层用人主体自主权。推行乡村教师"县管校聘"。实施好边远贫困地区、边疆民族地区和革命老区人才支持计划，继续实施"三支一扶"（指大学生毕业后到农村基层支农、支教、支医和扶贫）、特岗教师计划等，组织实施高校毕业生基层成长计划。支持地方高等学校、职业院校综合利用教育培训资源，灵活设置专业（方向），创新人才培养模式，为乡村振兴培养专业化人才。扶持培养一批农业职业经理人、经纪人、乡村工匠、文化能人、非遗传承人等。

（3）发挥科技人才支撑作用。全面建立高等院校、科研院所等事业单位专业技术人员到乡村和企业挂职、兼职和离岗创新创业制度，保障其在职称评定、工资福利、社会保障等方面的权益。深入实施农业科研杰出人才计划和杰出青年农业科学家项目。健全种业等领域科研人员以知识产权明晰为基础、以知识价值为导向的分配政策。探索公益性和经营性农技推广融合发展机制，允许农技人员通过提供增值服务合理取酬。全面实施农技推广服务特聘计划。

（4）鼓励社会各界投身乡村建设。建立有效激励机制，以乡情乡愁为纽带，吸引支持企业家、党政干部、专家学者、医生教师、规划师、建筑师、律师、技能人才等，通过下乡担任志愿者、投资兴业、包村包项目、行医办学、捐资捐物、法律服务等方式服务乡村振兴事业。研究制定管理办法，允许符合要求的公职人员回乡任职。吸引更多人才投身现代农业，培养造就新农民。加快制定鼓励引导工商资本参与乡村振兴的指导意见，落实和完善融资贷款、配套设施建设补助、税费减免、用地等扶持政策，明确政策边界，保护好农民利益。发挥工会、共青团、妇联、科协、残联等群团组织的优势和力量，发挥各民主党派、工商联、无党派人士等积极作用，支持农村产业发展、生态环境保护、乡风文明建设、农村弱势群体关爱等。实施乡村振兴"巾帼行动"。加强对下乡组织和人员的管理服务，使之成为乡村振兴的建设性力量。

（5）创新乡村人才培育引进使用机制。建立自主培养与人才引进相结合，学历教育、技能培训、实践锻炼等多种方式并举的人力资源开发机制。建立城乡、区域、校地之间人才培养合作与交流机制。全面建立城市医生、教师、科技文化人员等定期服务乡村机制。研究制定鼓励城市专业人才参与乡村振兴的政策。

7. 为什么说农村劳动力是乡村振兴的主力军？

乡村振兴战略是习近平同志在党的十九大报告中提出的战略，用"产业兴旺、生态宜居、乡风文明、治理有效、生活富裕"20字概括了总的要求及美好的愿景。实施乡村振兴战略是一项系统工程，《中共中央　国务院关于实施乡村振兴战略的意见》指出，实施乡村振兴战略的基本原则之一就是要坚持农民主体地位，充分尊重农民意愿，切实发挥农民在乡村振兴中的主体作用，调动亿万农民的积极性、主动性、创造性，把维护农民群众根本利益、促进农民共同富裕作为出发点和落脚点，促进农民持续增收，不断提升农民的获得感、幸福感、安全感。

规划是基础，人才是关键，参与是根本。人才作为发展的第一资源，相比城市人才，农村劳动力有其特殊性。在乡村振兴实施的过程中离不开广大农民。乡村振兴需要农民来支撑，其受益者是农民，建设主体也理应是农民。

8. 提升农村劳动力就业质量的总体目标和要求是什么？

就业是民生之本，创业是富民之路。产业兴旺的关键在于创业，生活富裕的关键在于就业，推动创业带动就业，才能实现乡村振兴。中共中央、国务院印发《乡村振兴战略规划（2018—2022 年）》，文中这样描绘保障和改善农村民生工作蓝图：坚持人人尽责、人人享有，围绕农民群众最关心最直接最现实的利益问题，加快补齐农村民生短板，提高农村美好生活保障水平，让农民群众有更多实实在在的获得感、幸福感、安全感。其中提出，坚持就业优先战略和积极就业政策，健全城乡均等的公共就业服务体系，不断提升农村劳动者素质，拓展农民外出就业和就地就近就业空间，实现更高质量和更充分就业。

9. 如何促进农村劳动力转移就业？

《中共中央 国务院关于实施乡村振兴战略的意见》明确提出，要健全覆盖城乡的公共就业服务体系，大规模开展职业技能培训，促进农民工多渠道转移就业，提高就业质量。深化户籍制度改革，促进有条件、有意愿、在城镇有稳定就业和住所的农业转移人口在城镇有序落户，依法平等享受城镇公共服务。加强扶持引导服务，实施乡村就业创业促进行动，大力发展文化、科技、旅游、生态等乡村特色产业，振兴传统工艺。培育一批家庭工场、手工作坊、乡村车间，鼓励在乡村地区兴办环境友好型企业，实现乡村经济多元化，提供更多就业岗位。拓宽农民增收渠道，鼓励农民勤劳守法致富，增加农村低收入者收入，扩大农村中等收入群体，保持农村居民收入增速快于城镇居民。这是激活农村各类资源要素促进就业创业，推进乡村振兴发展。

第二章

就业，您准备好了吗？

农民就业创业百问百答

10. 求职前您做好准备了吗？

职场如战场。众所周知，目前很多人找工作面临的现状就是"挤破头也找不到好工作"，但很多公司企业的许多岗位却空置，找不到能够胜任的人。那么真是找不到工作吗？还是没有用心去找工作？抑或是根本没有做好就业的准备？求职前做足充分准备才能提高求职的"命中率"。

（1）心理准备，认清自我实际情况。"自我定位"就是要找准自己的位置。要弄清楚自己想做什么？自己能做什么？找准两者结合点，确定自己的目标。然后分析当前就业形势，找准就业切入点。首先要客观分析自己，包括专业知识、技能、职业经历等。最重要的是就业观念和心态。根据自身能力寻求最合适自己的工作，客观分析求职成败，适时调整好自己的求职预期，把握好求职过程中的每一个环节。求职路并不是一条坦途，途中的磕碰在所难免。但是请记住，生命中经历的所有困难不是为了击败你而是为了锻炼你、提高你，抓住机会锤炼自己，相信成功就在不远处等着你。

（2）"装备"准备，认真准备自己的个人资料。"凡事预则立，不预则废"，求职个人资料准备主要包括个人简历、求职信和相关证明。简历重"简"，有条理地说清楚个人基本情况、学习经历情况及具备哪些技能特长就足矣，没有必要长篇累牍。

简历最重要体现坦诚，不得掺假、造假，用谎言美化自己。求职信在写作上把握两点，一是要说明自己具备用人单位需要的工作能力；二是要说出自己有为用人单位服务的热忱。针对不同用人单位、不同职位，侧重点应有所不同。相关证明材料也应提前准备，包括身份证明（身份证、学生证等）、学历证明（毕业证、学位证等）、证件资料（职业资格证书、获奖证书、驾驶证等）。此外，要适当准备几张证件照片和相关证件复印件备用，并预备一定的生活费用。

11. 有哪些就业的基本权利和义务？

《中华人民共和国劳动法》规定了劳动者在劳动关系中的八项基本权利：享有平等就业和选择职业的权利、取得劳动报酬的权利、休息休假的权利、获得劳动安全卫生保护的权利、接受职业技能培训的权利、享受社会保险和福利的权利、提请劳动争议处理的权利、法律规定的其他劳动权利。同时，劳动者还应遵守五项义务：完成劳动任务的义务、提高职业技能的义务、执行劳动安全卫生规程的义务、遵守劳动纪律的义务、遵守职业道德的义务。

12. 求职过程中经常遇到哪些诈骗行为？

现代经济社会飞速发展，求职的人多，招聘的企业、单位也多，虽然对招聘陷阱、招聘欺诈行为没有明确的定义，但笔者梳理总结出了以下几个典型的欺诈行为，供求职者参考。

（1）"保证金"骗术。目前在所有的招聘陷阱中，最容易让求职者中招的骗术是在招聘时以各种名义收取保证金或押金，然后巧立名目不予退还。这里面常见的有服装费、档案管理费、培训费等本应由用人企业承担的成本。求职者需要注意的是，国家明确规定，用人单位不得以收取押金、保证金、集资等作为录用条件，因此遇到这类情况，求职者需要谨慎考虑。

（2）"试用期"骗局。最让人难以防备的职场骗局是利用试用期骗取廉价劳动力，在试用期后以便以各种理由辞退求职者，却不必负任何法律责任。这类骗局主要有两种形式，一种是以各种理由告诉求职者其表现是不合格的，公司解聘也是无奈之举，接着再以很少的薪水继续招聘同样也不会熬过试用期的新人，周而复始，降低成本。另一种手段就是非法延长试用期，才半年劳动合同，试用期却有三个月。关于试用期，《关于实行劳动合同制度若干问题的通知》早已作了规定，劳动合同期限少于 6 个月的，试用期不得超过 15 天；劳动合同长于 6

个月但短于 1 年，试用期不得超过 30 天；劳动合同长于 1 年但短于 2 年，试用期不得超过 60 天。

（3）"高职高薪"诱惑。作为求职者，往往需要把个人资料公开于各大招聘网站上，以求得用人单位的赏识。未曾想，这却给一些别有用心的人提供了制造陷阱的机会。目前很多公司招聘业务员、销售员都是到各招聘网站搜集求职者的资料，以高职高薪加以诱惑。对于诸如此类"挂羊头卖狗肉"的招聘伎俩，求职者一定要警惕，清楚自身实力，从基础做起，逐渐展示自己的才华，不要轻信高职高薪诱惑。

13. 遭遇敲诈欺骗时怎么办？

在求职过程当中，如发生侵权行为，可向中介公司或招聘单位工商执照注册地辖区的劳动保障监察部门投诉。如果遇到黑中介或没有证照的招聘单位，及时向劳动保障监察部门投诉举报。举报注意事项：一是求职者应当记清楚人力资源服务机构的名称，并保留好收据、发票、合同等证据；二是由于劳务（求职）诈骗往往涉及公安、工商、人力资源和社会保障等部门的职能范围，求职者应根据实际情况选择最有效的投诉部门。若被投诉对象为有证照的合法机构，求职者可找当地人力资源和社会保障部门投诉。若被投诉方为无证无照公开经营的"人力资源服务机构"，求职者可同时到工商、城管、人力资源和社会保障等部门投诉。若被投诉方情节特别严重，诈骗金额大，应立即到当地公安部门进行投诉举报。若被投诉对象是通过收取押金招聘求职者进行推销的，受骗上当的求职者可到当地工商部门进行投诉。

14. 您认识这些安全生产标志吗？

当心激光　　当心爆炸　　当心电缆　　当心腐蚀

当心裂变物质　当心冒顶　　当心塌方　　当心坠落

当心弧光　　当心微波　　当心中毒　　当心感染

当心火灾　　当心烫伤

链接：

警惕求职应聘八大陷阱！

警惕"黑中介"

"黑中介"是指某些非法机构以介绍工作为名，向求职者变相收取各种名目费用的机构或人。

例子：打工者小胥去某中介公司找工作，缴纳了 200 元押金后，接到的工作任务是在电线杆上刷公司宣传广告。但这份工作他仅干了1个小时就被联防队员勒令停工了，理由是违反市容管理条例。身无分文的小胥只好找中介公司求助，却被告知押金不能退。小胥随后找到了工商所的工作人员，才了解到这家公司是一家曾被取缔的"黑中介"。

防范提示：求职者要核实中介机构营业执照的经营范围是否包括职业介绍业务，是否具备人力资源服务许可证。

警惕"假猎头"

"假猎头"是指某些诈骗人员自称"人才猎头"或者"高级猎头顾问"等，承诺向求职者提供高薪、高端职位，但须先缴纳服务费用。

例子：陈某接到一位自称是"高级猎头顾问"的电话，对方准确说出其详细个人信息，并声称可以提供高薪职位。陈某信以为真，便按"猎头"要求将简历投递给了对方，不久就得到面试通知，但要先通过网银汇款2000元服务费，对方承诺入职3个月后返回。陈某汇款后前往面试地点，找到的却是一家外贸公司，对方表示并未委托猎头招聘，当他再次拨打"猎头"电话时，对方已关机。

防范提示：求职者要全面了解用人单位、招聘职位等情况，特别是报酬较高、福利优厚的岗位，尽量通过用人单位官网查询或者向相关机构核实工作内容和性质，核对薪资水平是否合理，以防被骗。

警惕"假老乡"

"假老乡"是指某些诈骗人员以"老乡"的名义，主动搭讪求职者，热心向其介绍工作，专门坑害求职者并骗取钱财。

例子：火车站、汽车站周边，时常出没一些骑摩托车或开面包车的人，他们看到拖着行李的农民工，就会主动上前套近乎。农民工小高刚下火车，一位自称“老乡”的人就问他是不是找工作，并许诺可以帮忙介绍到附近工厂、酒店上班。因为乡音亲切，小高就轻信了“老乡”的话。“老乡”开车带他转来转去，到了一个门口放着招工牌子的工厂，就赶他下车并索要200元车费。后来厂方说“老乡”根本就是骗子。

防范提示：求职者到陌生城市，尽量选择公共交通工具，切勿轻信“老乡”说辞，并到正规人力资源服务机构求职。

警惕“假兼职”

“假兼职”是指某些诈骗人员打着高薪兼职、点击鼠标就赚钱、刷单返现等幌子进行金融诈骗。

例子：诈骗人员发布“兼职刷单，立马返现；足不出户，月薪过万”的信息，炮制出“兼职刷单”陷阱。一名受害人称其在收到“兼职刷单”短信后，按照短信提供的指引刷单返现，结果被骗走1.8万余元。警方调查发现，每天都有人因刷单返现被骗，被骗人数高达数万。

防范提示：求职者不要轻信既轻松又赚钱的“好差事”，应树立正确的求职观、就业观。同时，要注意保护个人信息，不要轻易泄露银行卡、网银和支付宝密码等信息，不要随意打开陌生网址链接。

警惕“乱收费”

“乱收费”是指用人单位或者中介机构以工作为名收取报

名费、服装费、体检费、培训费、押金、岗位稳定金、资料审核费等费用。

例子：一些中介公司与一些骗子公司或"皮包公司"合作，先由中介公司以推荐工作为名收取报名费、服务费等，后由骗子公司或"皮包公司"假装招聘员工，收取体检费、服装费、押金等费用，再编织种种理由拒绝求职者上岗或中途辞退。还有一些中介公司在醒目地点张贴高薪酬、优福利等诱人招聘启事吸引求职人员上门，在收取一定的服务费、培训费后便称职位已满，并承诺尽快联系合适的单位，然后找各种借口敷衍。

防范提示：求职者谨记，应聘工作本身并不需要任何费用，对于将先交报名费、培训费等作为条件的招聘面试都要谨慎对待。入职体检通常都是要求求职者自行到二甲以上医院进行，正规单位不会代收体检费用。

警惕"扣证件"

"扣证件"是指用人单位或中介机构借保管或经办社会保险、申办工资卡等业务名义，扣押求职者身份证、毕业证、学位证等个人证件原件。

例子：李某到某公司工作，公司负责人要求代管身份证，李某把身份证给老板后就去上班了。可一到上班地点却发现，所谓的"大企业"，只是一间普通小作坊。实际工作与当初承诺的工种、工作强度、工作环境等都有很大出入。李某要求辞职并归还身份证，可老板不仅不归还身份证，还直接开口向他讨要违约金。

防范提示：任何单位和个人都没有权力扣留他人证件原件，

求职者不要将证件原件交付他人，如有需要，仅向有关人员出示即可。需要提供证件复印或者影印件的，要在合适位置注明具体用途。

警惕"培训贷"

"培训贷"是指某些培训机构将高薪就业作为诱饵，向求职人员承诺培训后包就业，但须向指定借贷机构贷款支付培训费用。

例子：王某即将大学毕业，急于找工作的他听信了某培训学校"培训后高薪就业"的承诺，在培训前按要求向某借贷机构办理了贷款。然而，培训结束后，该学校并未兑现承诺，还让王某欠下了一大笔债务。王某意识到受骗，但因难以证明对方欺诈，最终无力维护自身权益。

防范提示：求职者要增强辨别和防范意识，参加培训前一要看培训机构是否具备培训资质，二要看经营范围是否包含培训内容，三要看承诺薪资是否与社会同等岗位条件薪资水平大体一致。同时，要注意保留足够的材料，一旦发现被骗，请立即向有关部门报案。

警惕非法传销

非法传销是指组织者或经营者通过发展人员，要求其缴纳费用或者以购买商品等方式，取得加入或发展他人的资格，牟取非法利益的行为。

例子：非法传销一般以亲友极力推荐的途径传播，基本都以轻松赚大钱、无需面试直接上岗为噱头，面试或工作地点都比较偏僻且转换频繁，公司业务不能清晰说明。张某即将毕业，听同学陈某介绍说有高薪工作。虽然工作地点偏僻，但张某还是被高薪打动。当他到达工作地点后，却被传销组织控制住。一开始，所有人都与张某专门攀谈友谊，却不提工作内容，后来就向张某介绍"网络营销"。张某意识到被骗后想要离开，可房门已被锁死。张某想逃走的意图被发现，换来一顿拳打脚踢。张某家长报警后，民警将其救出。

防范提示：求职者要了解国家有关禁止传销的法规规定，掌握识别传销的基本知识。自觉抵制各种诱惑，坚信"天上不会掉馅饼"，树立勤劳致富、拒绝传销的防范意识。

温馨提示：查询就业政策信息可登陆人力资源和社会保障部官网（www.mohrss.gov.cn）或各地人力资源和社会保障部门官网。同时，了解政策咨询、信息查询、办事指南等还可直接拨打 12333 咨询电话。

第三章

社会保险知多少？

15. 什么是社会保险？

在中国，社会保险是社会保障体系的重要组成部分，其在整个社会保障体系中居于核心地位。另外，社会保险是一种缴费性的社会保障，资金主要是用人单位和劳动者本人缴纳，政府财政给予补贴并承担最终的责任。但是劳动者只有履行了法定的缴费义务，并在符合法定条件的情况下，才能享受相应的社会保险待遇。社会保险的主要项目包括养老保险、医疗保险、失业保险、工伤保险、生育保险。

16. 城镇个体户能办理社会保障卡吗？怎么办理？如何使用？

社会保障卡申领。社会保障卡是持卡人享受人力资源和社会保障权益的有效凭证。参加社会保险的城镇个体户可向参保地社会保障卡服务机构申领社会保障卡。申领时需提供相关有效身份证件（居民身份证、居民户口簿、居住证等）及参保地社会保障卡服务机构要求的其他材料。

社会保障卡使用。社会保障卡依据当地开通的应用目录进行使用，通常包括作为身份凭证办理与持卡人相关的人力资源和社会保障业务，享受相关人力资源和社会保障服务，查询相关权益信息；持卡就医、缴费、领取相关待遇等。

同时，社会保障卡加载了金融功能，可持卡办理现金存取、转账、消费和缴费支付等业务。此外，一些地区还在此基础上扩充了本地特色应用，社会保障卡仅限持卡人本人使用，不得出租、出借给他人。持卡人应当妥善保管社会保障卡及其密码，避免社会保障卡丢失或者损坏。

17. 您有权参加基本养老保险吗?

有。劳动者有权享受基本养老保险。养老保险是劳动者在达到法定退休年龄退休后，从政府和社会得到一定的经济补偿物质帮助和服务的一项社会保险制度。国有企业、集体企业、外商投资企业、私营企业和其他城镇企业及其职工，实行企业化管理的事业单位及其职工必须参加基本养老保险。

新的参统单位（指各类企业）单位缴费费率确定为10%，个人缴费费率确定为8%，个体工商户及其雇工，灵活就业人员及以个人形式参保的其他各类人员，根据缴费年限实行的是差别费率。参加基本养老保险的个人劳动者，缴费基数在规定范围内可高可低，多交多受益。职工按月领取养老金必须是达到法定退休年龄，并且已经办理退休手续；所在单位和个人依法参加了养老保险并履行了养老保险的缴费义务；个人缴费至少满 15 年。

中国的企业职工法定退休年龄为：男职工 60 岁；从事管理和科研工作的女干部 55 岁，女职工 50 岁。基本养老金由基础养老金和个人账户养老金组成，职工达到法定退休年龄且个人缴费满 15 年的，基础养老金月标准为省（自治区、直辖市）或市（地）上年度职工月平均工资的 20%。个人账户养老金由个人账户基金支付，月发放标准根据本人账户储存额除以 120。个人账户基金用完后，由社会统筹基金支付。

18. 您有权参加基本医疗保险吗？

有。劳动者有权享受基本医疗保险。城镇职工基本医疗保险制度，是根据财政、企业和个人的承受能力所建立的保障职工基本医疗需求的社会保险制度。所有用人单位，包括企业（国有企业、集体企业、外商投资企业和私营企业等）、机关、事业单位、社会团体、民办非企业单位及其职工，都要参加基本医疗保险，城镇职工基本医疗保险基金由基本医疗保险社会统筹基金和个人账户构成。基本医疗保险费由用人单位和职工个人账户构成。

基本医疗保险费由用人单位和职工个人共同缴纳，其中：

单位按8%的比例缴纳，个人缴纳2%。用人单位所缴纳的医疗保险费一部分用于建立基本医疗保险社会统筹基金，这部分基金主要用于支付参保职工住院和特殊慢性病门诊及抢救、急救。发生的基本医疗保险起付标准以上、最高支付限额以下符合规定的医疗费，其中个人也要按规定负担一定比例的费用。个人账户资金主要用于支付参保人员在定点医疗机构和定点零售药店就医购药符合规定的费用，个人账户资金用完或不足部分，由参保人员个人用现金支付，个人账户可以结转使用和依法继承。参保职工因病住院先自付住院起付额，再进入统筹基金和职工个人共付段。

参加基本医疗保险的单位及个人，必须同时参加大额医疗保险，并按规定按时足额缴纳基本医疗保险费和大额医疗保险费，才能享受医疗保险的相关待遇。

19. 您有权参加失业保险吗？

有。劳动者有权享受失业保险。失业保险是国家通过立法强制实行的，由社会集中建立基金，对因失业而暂时中断生活来源的劳动者提供物质帮助的制度。各类企业及其职工、事业单位及其职工、社会团体及其职工、民办非企业单位及其职工、国家机关与之建立劳动合同关系的职工都应办理失业保险。失业保险基金主要是用于保障失业人员的基本生活。城镇企业、

事业单位、社会团体和民办非企业单位按照本单位工资总额的
2% 缴纳失业保险费，其职工按照本人工资的 1% 缴纳失业保险
费。无固定工资额的单位以统筹地区上年度社会平均工资为基
数缴纳失业保险费。单位招用农牧民合同制工人本人不缴纳失
业保险费。

当前中国失业保险参保职工的范围包括：在岗职工；停薪
留职、请长假、外借外聘、内退等在册不在岗职工；进入再就
业服务中心的下岗职工；其他与本单位建立劳动关系的职工
（包括建立劳动关系的临时工和农村用工）。城镇企业事业单位
失业人员按照有关规定具备以下条件的失业职工可享受失业保
险待遇：按照规定参加失业保险，所在单位和本人已按照规定
履行缴费义务满 1 年的，其次不是因本人意愿中断就业的，还
有已经办理失业登记，并有求职要求的。

20. 您有权参加工伤保险吗？

有。劳动者有权享受工伤保险。工伤保险也称职业伤害保
险。劳动者由于工作原因并在工作过程中受意外伤害，或因接
触粉尘、放射线、有毒害物质等职业危害因素引起职业病后，
由国家和社会给负伤、致残者以及死亡者生前供养亲属提供必
要物质帮助。工伤保险费由用人单位缴纳，对于工伤事故发生
率较高的行业工伤保险费的征收费率高于一般标准，一方面是

为了保障这些行业的职工发生工伤时，工伤保险基金可以足额支付工伤职工的工伤保险待遇；另一方面是通过高费率征收，使企业有风险意识，加强工伤预防工作使伤亡事故率降低。

职工参加了工伤保险后，职工住院治疗工伤的，由所在单位按照本单位因公出差伙食补助标准的70%发给住院职工伙食补助费；经医疗机构出具证明，报经办机构同意，工伤职工到统筹地区以外就医的，所需交通、食宿费用由所在单位按照本单位职工因公出差标准报销。另外，工伤职工因日常生活或者就业需要，经劳动能力鉴定委员会确认可以安装假肢、矫形器、假眼、假牙和配置轮椅等辅助器具的，所需费用按照国家规定的标准从工伤保险基金中支付。工伤参保职工的工伤医疗费包括一级至四级工伤人员伤残津贴、一次性伤残补助金、生活护理费、丧葬补助金、供养亲属抚恤金、辅助器具、工伤康复费、劳动能力鉴定费等都应从工伤保险基金中支付。

21. 用人单位应该为试用期的劳动者缴纳社会保险吗？有的单位自行规定工作满一定时间（如一年）才给职工缴纳社会保险，这合理吗？

按照《中华人民共和国劳动合同法》第十九条规定，试用期包含在劳动合同期限内，以及《中华人民共和国劳动法》第七十二条规定，用人单位和劳动者必须依法参加社会保险，缴纳社会保险费。试用期内，用人单位也应当为劳动者缴纳社会保险费。

按照《中华人民共和国社会保险法》第五十八条规定，用人单位应当自用工之日起三十日内为其职工向社会保险经办机构申请办理社会保险登记。因此，有的单位自行规定工作满一年时间（如一年）才给职工缴纳保险属于违法行为。

按照《中华人民共和国社会保险法》有关规定，用人单位应当为职工缴纳五种保险，即养老保险、医疗保险、生育保险、工伤保险和失业保险。

22. 如果达到退休年龄，养老保险还没缴够 15 年怎么办？

达到国家规定的退休年龄但未达到按月领取基本养老金条件的本省户籍参保人，可以不申领一次性基本养老保险待遇，参照个体工商户和灵活就业人员的费基、费率继续缴费，至达到按月领取基本养老保险金条件时止。参保人最后参保地为非本人户籍所在地的，应将养老保险关系转入本人户籍所在地继续缴费；如在最后参保地连续缴费满五年以上的，也可在最后参保地继续缴费。

23. 跨省就业后，如何办理企业职工基本养老保险关系转移？如何计算缴费年限？

国务院办公厅关于转发人力资源社会保障部、财政部《城镇企业职工基本养老保险关系转移接续暂行办法》的通知规定，参保人员跨省流动就业并在新就业地继续参加养老保险的，将原参保所在地社保经办机构开具的参保缴费凭证交给新就业地社保经办机构。基本养老保险关系转移到新参保地。若将基本养老保险关系转移到非户籍所在地且参保人年满50周岁（男性）或40周岁（女性），应在原参保地继续保留基本养老保险关系，同时在新参保地建立临时缴费账户，记录单位和个人全部缴费。参保人员再次跨省流动就业或在新参保地达到待遇领取条件时，将临时基本养老保险缴费账户中的全部缴费本息，转移归集到原参保地或待遇领取地。参保缴费年限合并计算，个人账户储存额累计计算。

24. 能否同时办理企业职工基本养老保险和城乡居民养老保险，并享受双份养老保险待遇？

根据人力资源和社会保障部、财政部关于印发《城乡养老保险制度衔接暂行办法》的通知规定，参保人员不得重复参保。若在同一年度同时参加城镇职工养老保险和城乡居民养老保险（包括城镇居民养老保险和新型农村社会养老保险）的，其重复缴费时段只计算城镇职工养老保险缴费年限，并将城乡居民养老保险重复缴费时段相应个人缴费和集体补助退还本人。参保人员也不得同时领取城镇职工养老保险和城乡居民养老保险待遇。对于同时领取城镇职工养老保险和城乡居民养老保险待遇的，终止并解除城乡居民养老保险关系，除政府补贴外的个人账户余额退还本人，已领取的城乡居民养老保险基础养老金应予以退还。

25. 已在工作单位参加了职工医保，还可以在户口所在地参加居民医保吗？

不可以。城乡各类流动就业人员按照现行规定相应参加职工基本医疗保险或城乡居民基本医疗保险，不得重复参加和重复享受待遇。

26. 医疗保险异地就医如何申请和结算？

按照规定，相关人员可以按下述流程办理异地就医申请手续：

（1）异地长期居住的退休参保人以及短期出差、学习培训或度假期间的参保人（简称"异地居住人员"）。需填写异地就医申请材料，并选定居住地的定点医疗机构作为异地就医医疗机构，在参保地社保（医保）经办机构办理登记备案。其在已报备的异地医疗机构就医发生的医疗费用按规定予以报销。

（2）因当地医疗条件所限需异地转诊转出统筹地区就医的

参保人。需由参保地的定点医疗机构出具转诊证明，到社保（医保）经办机构办理登记备案手续。其在异地定点医疗机构就医发生的医疗费用按规定报销。为进一步方便参保人，各地允许异地居住人员委托他人代办手续，并允许定期更换定点医疗机构；对于异地转诊人员未能及时办理手续的，允许在一定时间内补办，但对于因个人需要而未经申请或办理转诊手续自行到异地就医的，一般会较大幅度降低报销比例。以广东省为例，基本医疗保险实行市级统筹，参保人在参保所在市范围内可以自主选择就医并实现医疗费用直接结算。参保人到市外的医疗机构就医时，需在参保地经办机构按规定办理申请手续。

27. 农村学生考入大学，在原籍买过居民医保，到大学后还要购买学校的医保吗？如果不购买学校医保，在学校期间发生的医疗费用如何报销？

学生已在原户籍所在地参加城乡居民医保的，应向就读学校出具参保证明，可暂不参加就读学校居民医保，待学生在原户籍地的参保年限届满后及时参加就读地居民医保。期间在学校所在地发生的医疗费用，可向参保地社保（医保）经办机构申请按规定报销。

28. 领取失业保险待遇的条件是什么？待遇有哪些？

失业人员同时符合下列条件的，可以领取失业保险待遇：

（1）失业前用人单位和本人已经缴纳失业保险费累计满一年的，或者不满一年但本人有失业保险金领取期限的。

（2）非本人意愿中断就业的。

（3）已经办理失业登记，并有求职要求的。

失业保险待遇包括：

（1）失业保险金。基数为所在地级以上市最低工资标准的80%，按月计发。领取月数：缴费1~4年的，每满一年领取一个月；超过4年的部分，每满半年增加一个月；最长为24个月。

（2）基本医疗保险费。在领取失业保险金期间，由失业保险基金缴纳基本医疗保险费，个人不缴费。

（3）求职补贴。在领取失业保险金期间，可领取失业前12个月平均缴费工资15%的求职补贴，最长可领取6个月。

（4）女职工生育保障。在领取失业保险金期间生育的女职工，可申请一次性加发失业保险金，标准为生育当月本人失业保险金的3倍。

（5）鼓励就业的一次性待遇。在领取失业保险金期限内重新就业，并签订一年以上劳动合同及参保满三个月的，可以申请一次性领取剩余期限 50% 的失业保险金。

（6）鼓励创业的一次性待遇。在领取失业保险金期限内创业的，可以申请一次性领取剩余期限的失业保险金。

（7）职业技能鉴定补贴。领取失业保险金期间，参加职业技能鉴定并获得国家职业资格证书的，可以领取职业技能鉴定补贴。

（8）职业介绍和职业培训等。

29. 如何申领城乡居民养老金待遇？

参保人员应携带户口簿、居民身份证、社会保障卡或银行存折（卡）原件和复印件等材料，到户口所在地村（居）委会办理待遇领取手续。村（居）协办员负责检查参保人员提供的材料是否齐全，并将相关材料一并移交城乡居民养老保险对外经办服务机构。参保人员也可直接到城乡居民养老保险对外经办服务机构办理待遇领取手续。

30. 参保职工在什么情形下可以按照国家规定享受生育津贴?

参保职工有下列情形之一的，可以按照国家规定享受生育津贴：

（1）女职工生育享受产假。

（2）享受计划生育手术休假。

（3）法律、法规规定的其他情形。

生育津贴按照职工所在用人单位上年度职工月平均工资计发。

31. 参保女职工异地生育能否享受生育保险待遇?

累计参加生育保险满一年的职工因急诊、抢救而在统筹地区以外医疗机构生育的，其生育的医疗费用先由职工个人支付，待分娩后一年内，凭相关材料和相关医疗机构诊断证明向统筹地区社会保险经办机构申请报销。社会保险经办机构应当核实，并参照相同级别的定点医疗机构的结算标准，从生育保险基金中支付，超出部分不予支付。累计参加生育保险满一年的职工非因急诊、抢救而在统筹地区以外医疗机构生育的，其生育的医疗费用由职工个人支付，待分娩后一年内，凭相关材料和相关医疗机构诊断证明向统筹地区社会保险经办机构申请拨付一次性生育保险医疗费用补贴，具体标准由统筹地区规定。

32. 哪些情况下可以认定为工伤？

工伤认定有以下七种情况：

（1）在工作时间和工作场所内，因工作原因受到事故伤害的；这里的工作时间包括正常工作时间及因工作需要而加班加点时间。工作场所也可以延伸到为完成领导临时指派的工作所涉及的场所。

（2）工作时间前后在工作场所内，从事与工作有关的预备性或者收尾性工作受到事故伤害的。

（3）在工作时间和工作场所内，因履行工作职责受到暴力等意外伤害的。

（4）患职业病的。

（5）因工外出期间，由于工作原因受到伤害或者发生事故下落不明的。

（6）在上下班途中，受到非本人主要责任的交通事故或者城市轨道交通、客运轮渡、火车事故伤害的。

（7）法律、行政法规规定应当认定为工伤的其他情形。

还有三种情形应该视同工伤：

（1）在工作时间和工作岗位，突发疾病死亡或者在 48 小时之内经抢救无效死亡的。

（2）在抢险救灾等维护国家利益、公共利益活动中受到伤害的。

（3）职工原在军队服役，因战、因公负伤致残，已取得革命伤残军人证，到用人单位后旧伤复发的。

需要注意的是，如果受伤职工有故意犯罪、醉酒、吸毒、自残或者自杀的情况，不得认定为工伤或者视同工伤。还有到单位实习的在校学生，以及退休返聘人员也不在工伤保险保障范围之内。

33. 发生工伤事故或被诊断为职业病后，如何申请工伤认定？

根据《广东省工伤保险条例》第十二条规定，用人单位应当在职工发生事故伤害或者按照职业病防治法规定被诊断、鉴定为职业病后的第一个工作日，通知参加工伤保险所在地市、县（区）社会保险行政部门及社会保险经办机构，并自事故伤害发生之日或者按照职业病防治法规定被诊断、鉴定为职业病之日起三十日内,向参加工伤保险所在地市、县(区)社会保险行政部门提出工伤认定申请。遇有特殊情况,经报社会保险行政部门同意,申请时限可以适当延长。用人单位未按照前款规定提出工伤认定申请的,该职工或者其近亲属、工会组织自事故伤害发生之日或者按照职业病防治法规定被诊断、鉴定为职业病之日起一年内,可以直接向用人单位所在地统筹地区社会保险行政部门提出工伤认定申请。用人单位未在本条第一款规定的时限内提交工伤认定申请的,在提出工伤认定申请之前发生的符合本条例规定的工伤待遇等有关费用由用人单位承担。

根据《广东省工伤保险条例》第十四条规定,提出工伤认定申请应当提交下列材料:

(1)工伤认定申请表。

(2)用人单位与劳动者存在劳动关系(包括事实劳动关系)的证明材料。

(3)医疗诊断证明或者职业病诊断证明书(或者职业病诊断鉴定书)。

工伤认定申请表应当包括事故发生的时间、地点、原因以及职工伤害程度等基本情况。

34. 工伤人员的伤残津贴和护理费可以发放多久?

《广东省工伤保险条例》规定了伤残津贴和生活护理费的

领取条件，具体分为以下三种情况：

（1）工伤职工被鉴定为一级至四级伤残，可以享受工伤保险基金按月支付的伤残津贴，达到退休年龄并办理退休手续后，停发伤残津贴，享受基本养老保险待遇，差额部分由工伤保险基金补足。

（2）工伤职工被鉴定为五级、六级伤残，且用人单位难以安排工作，由用人单位按月发放伤残津贴。经工伤职工本人提出，工伤职工可以与用人单位解除或者终止劳动关系，可以领取一次性工伤医疗补助金和伤残就业补助金，伤残津贴不再发放。

（3）工伤职工被评定伤残等级经劳动能力鉴定委员会确认符合生活护理条件，需要生活护理，享受工伤保险基金按月支付生活护理费。但是，如果职工拒绝治疗、拒不接受劳动能力鉴定、丧失享受待遇条件，则不再享受伤残津贴和生活护理费。

35. 全国统一的社会保障服务热线电话是多少？

全国统一的社会保障服务热线电话为 12333。目前，全国 300 多个地市和 32 个省级人力资源和社会保障部门都开通了 12333 电话服务。

36. 职业年金的缴费标准是如何规定的？

中国的职业年金是一种补充养老保障制度，既不是社会保险，也不是商业保险，而是一项单位福利制度。职业年金所需费用由单位和工作人员个人共同承担。单位缴纳职业年金费用的比例为本单位工资总额的 8%，个人缴费比例为本人缴费工资的 4%，由单位代扣。单位和个人缴费基数与养老保险缴费基数一致。

案例：

如何确定养老保险待遇领取地？

老王，江西人，还差几年就到退休年龄了，长年外出打工，分别在广东、湖南、江西等地工作过，那么他该如何确定养老保险待遇领取地呢？

解析： 跨省流动就业的参保人员达到待遇领取条件时，按下列规定确定其待遇领取地：基本养老保险关系在户籍所在地的，由户籍所在地负责办理待遇领取手续，享受基本养老保险待遇；基本养老保险关系不在户籍所在地，而在其基本养老保险关系所在地累计缴费年限满 10 年的，在该地办理待遇领取手续，享受当地基本养老保险待遇；基本养老保险关系不在户籍所在地，且在其基本养老保险关系所在地累计缴费年限不满10年的，将其基本养老保险关系转回上一个缴费年限满10年的原参保地办理待遇领取手续，享受基本养老保险待遇；基本养老保险关系不在户籍所在地，且在每个参保地的累计缴费年限均不满10年的，将其基本养老保险关系及相应资金归集到户籍所在地，由户籍所在地按规定办理待遇领取手续，享受基本养老保险待遇。

依据：国务院办公厅关于转发人力资源社会保障部、财政部《城镇企业职工基本养老保险关系转移接续暂行办法》的通知第六条。

未按职工实际工资缴纳社保费，用人单位应补足工伤待遇差额

吴某应聘到一锰业公司工作，该公司按照地区职工平均工资2231元（吴某的实际工资为4226.28元）为其缴纳了工伤保险费。一天，吴某在工作过程中受伤，经认定为工伤，等级为九级伤残。吴某获得一次性伤残补助金20079元。吴某将锰业公司起诉至法院，要求其补足一次性伤残补助金的差额部分。锰业公司认为，已为吴某参加工伤保险，吴某也得到了相关待遇，不同意支付差额。

解析：法院认为，锰业公司只按地区职工平均工资2231元申报一次性伤残补助金，而根据《工伤保险条例》的规定和伤残鉴定结论，一次性伤残补助金应当按照本人的实际工资（4226.28元×9个月）计算，共为38036.52元。锰业公司作为

用人单位，应当以职工的实际劳动报酬总额为标准向社会保险经办机构缴纳工伤保险费。因该公司未按实际工资缴纳社会保险费，致使吴某未能足额享受工伤保险待遇，获得的一次性伤残补助金减少。因此，应当按照吴某的实际工资标准计算工伤待遇，对工伤保险基金按照缴费工资支付后的差额由用人单位补足。

依据：《工伤保险条例》第三十七条规定，职工因工致残被鉴定为七级至十级伤残的，享受以下待遇：

（1）从工伤保险基金按伤残等级支付一次性伤残补助金，标准为：七级伤残为 13 个月的本人工资，八级伤残为 11 个月的本人工资，九级伤残为 9 个月的本人工资，十级伤残为 7 个月的本人工资；

（2）劳动、聘用合同期满终止，或者职工本人提出解除劳动、聘用合同的，由工伤保险基金支付一次性工伤医疗补助金，由用人单位支付一次性伤残就业补助金。一次性工伤医疗补助金和一次性伤残就业补助金的具体标准由省、自治区、直辖市人民政府规定。

第四章

农民合法权益如何维护？

农民合法权益知识讲堂

37. 签订劳动合同应注意哪些事项？

用人单位必须和劳动者以书面形式签订劳动合同。劳动合同期限的长短根据工作的需要去确定，用人单位与劳动者协商一致，可以订立固定期限劳动合同、无固定期限劳动合同，或者以完成一定工作任务为期限的劳动合同。合同签订应注意以下方面内容：

（1）劳动合同的内容要全。劳动合同的必备内容包括：劳动合同期限、工作内容、劳动保护和劳动条件，劳动报酬、社会保险和福利、劳动纪律、劳动合同终止的条件，违反劳动合同的责任等。

（2）要签书面合同，并且要求保留一份合同。现在有些单位用人很不规范，不愿意与职工签订书面劳动合同，想以此逃避一些责任；有的单位领导图省事，不与职工签订书面劳动合同，这都是对劳动者极不负责的行为。劳动者有权要求与用人单位订立书面合同。这样，如果发生劳动纠纷、争议，就有法律依据。

（3）试用期内也要签合同。这一点往往被劳动者所忽略。有些单位为了逃避责任，在试用期内往往不与职工签订劳动合同，一旦试用期满，就找种种借口辞退员工。这种方法对用工单位来说，省事又省钱，可以不对劳动者负任何责任。

总之，在签订劳动合同时，要多听、多想、多看（参看别人的合同），避免签"口头合同""不全合同""模糊合同""单方合同"以及一些危险性行业用人单位与员工签订的"工伤概不负责"的"生死合同"。

38. 被无故克扣或者拖欠工资怎么办？

用人单位不能克扣或无故拖欠劳动者的工资。如若出现用人单位无故克扣或拖欠劳动者工资的情况，劳动者可依法采取措施，维护自身合法权益。

（1）用人单位依法要承担民事责任，劳动者可以随时通知用人单位解除劳动合同并要求用人单位赔偿。

（2）劳动者可以举报到劳动行政部门，由劳动行政部门责令用人单位限期支付劳动报酬、加班费或者经济补偿；劳动报酬低于当地最低工资标准的，应当支付其差额部分；逾期不支付的，责令用人单位按应付金额 50% 以上、100% 以下的标准向劳动者加付赔偿金。

（3）如果情节严重，还可能承担刑事责任：拒不支付劳动报酬罪。

39. 解除或者终止劳动合同要给劳动者补偿金吗？

根据《中华人民共和国劳动合同法》第四十六条、第四十七条，用人单位在和劳动者解除或终止劳动合同时，有下列情形之一的，用人单位应当向劳动者支付经济补偿：

（1）用人单位向劳动者提出解除劳动合同并和劳动者协商一致解除劳动合同的。

（2）劳动者不能胜任本职或本岗工作，经过培训或者调整工作岗位后仍不能胜任的，用人单位和劳动者解除劳动合同的。

（3）用人单位和劳动者签订劳动合同时所依据的客观情况发生重大变化，原劳动合同无法履行，经协商也不能就变更劳动合同达成协议的，用人单位和劳动者解除劳动合同的。

（4）如果劳动者工作的企业快要破产并已经进入法定整顿期间，或者生产经营状况发生了严重的困难等情况下，必须裁减人员，用人单位和劳动者解除劳动合同的。

（5）劳动者患病或者非因工负伤，医疗期满后，经劳动能力鉴定委员会确认，劳动者不能从事原工作，也不能从事由用人单位另外安排的工作，用人单位和劳动者解除劳动合同的。

（6）固定期限劳动合同期满终止（如用人单位维持或提高劳动合同约定条件续订劳动合同，劳动者不同意续订的，用人单位不需向劳动者支付经济补偿）的。

（7）用人单位被依法宣告破产或者被吊销营业执照，责令关闭、撤销，或者用人单位决定提前解散，劳动合同因此终止的。

经济补偿按劳动者在本单位工作的年限，每满一年支付一个月工资的标准向劳动者支付。六个月以上不满一年的，按一年计算；不满六个月的，向劳动者支付半个月工资的经济补偿。

劳动者月工资高于用人单位所在直辖市、设区的市级人民政府公布的本地区上年度职工月平均工资 3 倍的，向其支付经济补偿的标准按职工月平均工资 3 倍的数额支付，向其支付经济补偿的年限最高不超过 12 年。

同时，《中华人民共和国劳动合同法》第四十二条规定，劳动者有下列情况之一的，用人单位不得解除劳动合同：

（1）从事接触职业病危害作业的劳动者未进行离岗前职业健康检查，或者疑似职业病病人在诊断或者医学观察期间的。

（2）在本单位患职业病或者因工负伤，并被确认完全丧失或者部分丧失劳动能力的。

（3）患病或者非因工负伤，在规定的医疗期内的。

（4）女职工在孕期、产期、哺乳期的。

（5）在本单位连续工作满 15 年，且距离法定退休年龄不足 5 年的。

（6）法律、行政法规规定的其他情形。

40. 在务工过程中，您的权益受到侵害怎么办？

当自己的合法权益受到侵害时，任何公民都有权根据法律规定，按照法定程序向有关部门、机关和团体寻求法律保护，可以通过协商和解、提起诉讼等途径，依法解决纠纷和制裁违法犯罪，从而使自己的合法权益得到保护。

当劳动者与用人单位发生劳动争议后，可通过下列程序解决：

（1）双方协商解决。

（2）调解解决。不愿协商或协商不成的，可自愿申请企业调解委员会调解，也可以向当地人力资源和社会保障部门投诉，由人力资源和社会保障部门进行调解。

（3）仲裁解决。双方不愿或无法通过上述两种方式解决的，可自发生劳动争议之日起 60 日内向当地劳动争议仲裁委员会申请劳动仲裁。（特别提醒：申请仲裁有时限要求。提出仲裁要求的一方当事人应当自劳动争议发生之日起 60 日内向用人单位所在地的区、县（市）劳动争议仲裁委员会提出书面申请。）

（4）诉讼解决。当事人对仲裁裁决不服的，可以自收到仲裁书之日起 15 日内，向当地的基层人民法院提起诉讼。对基层人民法院的一审判决不服，还可以向当地的中级人民法院提出上诉。上诉的判决结果为终审判决，即时发生法律效力。

41. 如何申请劳动争议仲裁？

根据《中华人民共和国劳动法》《中华人民共和国企业劳动争议处理条例》及有关规定，用人单位和劳动者之间的下列劳动争议可以申请劳动仲裁：

（1）因企业开除、除名、辞退职工和职工辞职、自动离职发生的争议。

（2）因执行国家有关工资、保险、福利、培训、劳动保护的规定发生的争议。

（3）因履行劳动合同发生的争议。

（4）国家机关、事业组织、社会团体和与之建立劳动合同的各类人员之间发生的劳动争议。

（5）因认定无效劳动合同、特定条件下订立劳动合同、职工流动、用人单位裁减人员、经济补偿和赔偿发生的争议。

（6）法律、法规规定应当受理的其他劳动争议。

申请劳动争议仲裁应当提交以下材料：

（1）《仲裁申请书》。申请人应当按照规定如实准确填写《仲裁申请书》，《仲裁申请书》一式三份，其中两份由申请人本人或其委托代理人提交劳动争议仲裁委员会，一份由申请人留存。

（2）身份证明。申请人是劳动者的，提交本人身份证明的原件及复印件。

（3）能够证明与被申请人之间存在劳动关系的有关材料，如劳动合同（聘用合同或协议）、解除或终止合同通知书、工资单（条）、社会保险缴费证明等材料及复印件。

（4）申请人在申请劳动争议仲裁时，劳动争议仲裁委员会根据立案审查的需要，要求申请人提交能够证明被诉人身份的有关材料的，申请人应当提交。如被申请人是用人单位的，应当提交其工商注册登记相关情况的证明（包括单位名称、法定代表人、住所地、经营地等情况）。

如果对人力资源和社会保障仲裁部门作出的行政行为不服，可根据《中华人民共和国行政复议法》和《中华人民共和国行政诉讼法》规定，申请行政复议或者提起行政诉讼。

42. 劳动合同形式上有哪些陷阱？

（1）格式合同。此类合同按照合同示范文本事先制定好，表面上无可挑剔，但具体条款却表述模糊，容易产生歧义。求职者在签订合同时一定要对合同斟字酌句，谨防合同陷阱。

（2）霸王合同。此类合同片面地从用人单位的利益出发，严重违反劳动合同订立所应遵循的平等自愿、协商一致的原则，只规定和强调劳动者应承担的义务和用人单位的权利，而对用人单位的义务、劳动者的权益方面内容规定少而空，甚至没有这方面的规定，这是最典型的不平等合同。

（3）保证合同。此类合同是用人单位与劳动者签订合同时，让劳动者出具一份"保证书"，用人单位把一些不合理的要求写入保证书，作为劳动合同的附加条款，以此约束劳动者。一旦违约，即按保证内容和用人单位的"土政策"加以处罚。

（4）生死合同。一些危险性行业的用人单位为逃避责任，在签订合同时要求应聘者承诺，一旦发生意外，企业不承担任何责任，即"工伤概不负责"。

（5）真假合同。一些用人单位慑于劳动主管部门的监督，往往与应聘方签订真假两份合同。假合同用来应付劳动部门检查，这类合同是用人单位一手炮制的，连签名都是假的，应聘者根本看不到这份合同。

（6）约定不明合同。此类合同由于签订者对法律知识欠缺或其他原因，签订的劳动合同内容不完整，劳动合同权利义务约定不清楚，日后容易引起争端。主要表现为：

①工作岗位模糊不确定，造成用人单位随意调整、更换劳动者的工作岗位，影响劳动者的就业目的；②工资待遇约定不明，只约定上不封顶，实际上也是下不保底，劳动者的工资待遇无法保证；③工作时间不确定，随意延长劳动者的工作时间，侵害劳动者的合法权利。

（7）空白合同。此类合同主动权掌握在用人单位手中，其不仅可以随意更改用工时间，而且会使各种承诺、待遇落空，因此，劳动者不可签订此类合同。

43. 您依法享有哪些工作待遇？

（1）社会保障。养老保险、医疗保险、失业保险、工伤保险、生育保险这五类险是我国人力资源和社会保障部门规定各类企业必须为员工提供的社会保险福利。除员工月工资外，企业为这部分保险大约支付相当于工资额的 10%～20%。有些效益较好的企业还为员工提供了商业保险、家庭财产险、重大伤残保险等。

（2）住房津贴。传统的中国国有企业，住房分配或廉价租住房是企业提供给员工的最大一项福利。随着国家货币化分房制度的推行，企业改实物分房为货币分房，住房津贴按月随工资发放，建立住房公积金、提供住房低息贷款已成为企业为员工提供住房福利的新形式。

（3）有偿假期。有偿假期是指员工不来上班工作仍可取得收入的福利项目。主要包括以下几种：

①产假、病（工伤）假、事假、探亲假、婚假、丧假等国家规定员工依法取得缺勤收入的福利待遇；②公休是指员工根据企业的规章制度，经上级领导同意，一年中可以享有若干天的有薪假期。企业一般根据种种条件，规定员工每年有 5～14 天的公休假期；③法定节假日是国务院规定中国公民依法享有的包含春节、国庆等节假日。有些企业还根据自己的实际情况

设定了一些节假日，如厂（司）庆日等；④培训。随着企业对优秀人才和合格员工的渴求，不少企业已明确提出"培训是员工最大福利"，不断加强对员工培训的投入。

44. 什么是法律援助？如何申请？

法律援助是指由政府设立的法律援助机构组织法律援助的律师，为经济困难或特殊案件的人给予无偿提供法律服务的一项法律保障制度。特殊案件是指依照《中华人民共和国刑事诉讼法》第三十五条规定，犯罪嫌疑人、被告人是盲、聋、哑人，或者是尚未完全丧失辨认或者控制自己行为能力的精神病人，没有委托辩护人的，人民法院、人民检察院和公安机关应当通知法律援助机构指派律师为其提供辩护。犯罪嫌疑人、被告人可能被判处无期徒刑、死刑，没有委托辩护人的，人民法院、人民检察院和公安机关应当通知法律援助机构指派律师为其提供辩护。

申请法律援助需要提供以下资料：

（1）申请人填写申请表。

（2）申请人提交证件、申报材料或证明材料以及与案件相关的材料。

（3）法律援助机构在收到（1）、（2）项材料之日起三个工作日内（无须提交申报材料的在两个工作日内）进行审查，作出是否给予法律援助决定并书面通知申请人。

（4）法律援助机构在作出给予法律援助决定之日起两个工作日内指定法律援助人员为受援人提供法律援助，并将确定的法律援助人员姓名、联系方式告知受援人。受援人无法联系的除外。

（5）申请人对法律援助决定有异议的，可以向确定该法律援助机构的司法行政部门提出。司法行政部门应当在收到异议之日起五个工作日内进行审查，并将审查结果通知申请人和法律援助机构。

案例：

加班时间不能太任性

张某是一名汽车零部件制造厂的员工，他有个疑问，他从来没有在双休日休息过，平时每天工作至少 10 个小时。虽然公司向张某支付了加班费，但是他仍想知道法律对于加班时长有没有最高限制？

解析： 企业有权依法根据自己的生产需要安排员工的工作时间，但是要保证员工的休息权利。本案中，企业的做法是否合法，应当考虑对于该员工所在岗位，企业是否已经向人社部门申报了特殊工时制。如果没有申报特殊工时制，在标准工时制下，员工的加班时间是有最高限制的，即企业安排员工延长工作时间每日不得超过 3 小时，且每月不得超过 36 小时。在此基础上，除为了维护国家利益、集体利益或其他紧急情况外，企业安排员工加班的，应当与工会和员工本人协商。如果张某所在岗位执行的是标准工时制，公司显然存在超时加班的违法行为，即使支付了加班费，也应受到劳动保障监察部门的处罚。

法律法规依据：《中华人民共和国劳动法》第三十六条规定，国家实行劳动者每日工作时间不超过八小时、平均每周工作时间不超过四十四小时的工时制度。

第三十八条规定，用人单位应当保证劳动者每周至少休息一日。

第四十一条规定，用人单位由于生产经营需要，经与工会和劳动者协商后可以延长工作时间，一般每日不得超过一小时；因特殊原因需要延长工作时间的，在保障劳动者身体健康的条件下延长工作时间每日不得超过三小时，但是每月不得超过三十六小时。

第五章
美好城市欢迎您！

45. 居住证有什么用？怎么办理？

2016 年 1 月 1 日起开始施行的《居住证暂行条例》规定，公民离开常住户口所在地，到其他城市居住半年以上，符合有合法稳定就业、合法稳定住所、连续就读条件之一的，可以依照本条例的规定申领居住证。居住证是持证人在居住地居住、作为常住人口享受基本公共服务和便利、申请登记常住户口的证明。公安机关负责居住证的申领受理、制作、发放、签注等证件管理工作，申领居住证，应当向居住地公安派出所或者受公安机关委托的社区服务机构提交本人居民身份证、本人相片以及居住地住址、就业、就读等证明材料。

46. 外出务工租房应注意什么？

外出务工大部分公司是无法提供住宿的，需要自己去租房。在租房的过程中一般要注意以下问题：

（1）虚假广告陷阱。在报纸、街头传单或某些网站上刊登虚假房源广告是不法中介最常见的欺诈行为。表现形式为广告上介绍一些地段好、条件也好的房屋，其租金却十分低廉，达到利用这些并不存在的房屋吸引租房人的目的。租房人一旦信以为真，表示愿意租住，不法中介就会说刊登的房屋已经被租出去了，接着推荐条件次、租金高的房屋，骗取租房人的看房费、信息费等。

应对方案：通过多种方式了解市场价格，增强对虚假报价的免疫力。一是参考国土房管部门发布的房屋租赁指导价；二是咨询正规中介公司，其房屋租金比较透明，店员及经纪人都受过专业培训，可以较准确地估算出租房者需要房屋的租金；三是向有租房经历的人讨教，从而了解他们所熟悉的地域的房屋租金价格。

（2）乱收费陷阱。乱收费问题一直是不法中介的"专利"，收费理由颇多，如看房费、信息费、咨询费等。当租房人委托不法中介寻找房屋时，不法中介的工作人员会马上声称有合适的房子，但必须要先交上少则几百元多则上千元的所谓"押金"，理由是防止房客和房东见面后"撇开"中介。一旦求租人要求其工作人员陪同看房时，他们通常会推托说房东有事情不能前来，或带求租人看一些根本无法接受的房屋，随后就是一拖再拖，总之押金是不会退的。

应对方案：避免上当的最好办法是辨别不法中介。不法中介的共同特点有三个：一是设施简单，网点单一，小办公室、一张桌子加几部电话；二是有求必应，不论求租人要什么条件的房子，都说可以提供，而且价格还十分便宜；三是要求先交定金、押金或看房费，声称对房子不满意可以退款。

（3）假房东陷阱。常见的假房东陷阱一般是骗子租来一套房子，随后冒充房东将房子转租，最后携租金潜逃。

应对方案:一是在与房东见面后,一定要查看房东的房产证、身份证;如果他是帮助朋友出租房屋,那么一定要有出租委托书、朋友的房产证、身份证或复印件;如果房产证没有办下来,一定要房东出具购房合同。二是在看房时察言观色,向房东提出只有真房东才能回答的问题来判断房东的真伪,并向其单位求证审查房东的真实身份。

47. 外出务工初来乍到应该怎么办?

初来乍到,认识新朋友,了解新环境,掌握当地公交、地铁等公共交通情况、气候环境、饮食用餐、寻找合适居住地等都是需要尽快掌握了解的。到了新地方最重要的还是尽快融入新的生活环境,但首要任务最好就是找一份工作,要求不要太高,这是适应新地方的最好办法,因为工作中你会认识很多人,这有助于你尽快融入新环境。

48. 进城务工人员子女义务教育阶段读书有哪些途径?

《中华人民共和国义务教育法》第十二条规定,适龄儿童、少年免试入学。地方各级人民政府应当保障适龄儿童、少年在户籍所在地学校就近入学。父母或者其他法定监护人在非户籍所在地工作或者居住的适龄儿童、少年，在其父母或者其他法定监护人工作或者居住地接受义务教育的，当地人民政府应当为其提供平等接受义务教育的条件。具体办法由省、自治区、直辖市规定。如果是外地户口，可以凭在该地的居住证和身份证、户口簿，及现居住地社区居民委员会的证明，直接和当地的学校联系，如果有异议或被拒绝时，可以向当地教育局投诉。

如广州市印发《关于进一步做好优秀外来工入户和农民工子女义务教育工作意见的通知》提出，外来务工人员子女享有在广州市接受义务教育的权利。该通知规定，凡在广州市居住半年以上，有固定住址、固定工作和收入来源的务工人员，可为其 6 ~ 15 周岁（义务教育阶段）、有学习能力的同住子女，申请在广州接受义务教育。

49. 异地高考相关规定有哪些?

随着大量城市流动人口和进城务工农民工在异地工作时间的推移，其子女在流入地参加高考的问题日益迫切。2014 年 7 月 30 日，国务院新闻办公室举行新闻发布会介绍《国务院关于进一步推进户籍制度改革的意见》有关情况。该意见称，改进城区人口 500 万以上的城市先行落户政策，建立完善积分落户制度；居住证持有人随迁子女逐步可在当地高考。

（1）北京。北京"异地高考"需要五证，2014 年起，有居住证明及稳定住所，稳定职业及社保满 3 年，子女有学籍且已连读初中 3 年，可参加中职考试录取；2016 年起，有居住证明及稳定住所，稳定职业及社保满 6 年，子女有学籍且连读高中 3 年，可参加高职考试录取，毕业后可参加升本考试录取。

（2）广东。2014 年起，在广东具有合法稳定职业、合法稳定住所并连续 3 年以上持有居住证、按国家规定参加社会保险累计 3 年以上的进城务工人员，其随迁子女具有广东中职学校 3 年完整学籍的，可报名参加高等职业学院招收招生考试，可与广东省户籍考生同等录取。2016 年起，经县（市、区）人民政府主管部门认定的在广东具有合法稳定职业、合法稳定住所并连续 3 年以上持有广东省居住证、按国家规定在广东省参加社会保险累计 3 年以上的进城务工人员，其随迁子女在广东省参加中考并在父母就业所在城市具有高中阶段 3 年完整学籍的，可在广东省报名参加高考，并可与广东省户籍考生同等录取。

第六章

您做好人生的
职业发展规划了吗？

农民就业创业百问百答

50.
哪些人可以被认定为就业困难人员?
就业困难人员可以享受什么帮扶措施?

在法定劳动年龄内、有劳动能力和就业意愿、处于无业状态的本省户籍人员有下列情形之一的，各级人民政府应当作为就业困难人员对其实行优先扶持和重点帮助：

（1）具有城镇户籍，女 40 周岁以上、男 50 周岁以上的。

（2）经残疾等级评定机构评定为残疾的。

（3）享受最低生活保障待遇的。

（4）属于城镇零就业家庭成员的。

（5）属于农村零转移就业贫困家庭成员的。

（6）因被征地而失去全部土地的农民。

（7）连续失业一年以上的。

（8）省、地级以上市人民政府规定的其他情形。

51. 职业培训证书、国家职业资格证书和岗位能力证书三者之间有什么区别？职业培训证书和岗位能力证书两者之间有同等效力吗，是否可以视为一致？

职业培训证书是培训单位出具的培训证明；岗位能力证书是某工作岗位的能力证明；国家职业资格证书是依据国家职业大典工种目录，根据某一职业（工种）、某一等级的职业标准和鉴定规范进行鉴定，合格后获得的反映相应职业能力的证书。职业培训证书和岗位能力证书两者之间没有必然的联系，不同培训部门、依照不同标准开展培训，无法比较。

52. 常见的技能培训方式有哪些？

（1）人力资源和社会保障部门组织的培训班。这些培训班一般具有较好的信誉，培训内容往往结合具体工程项目进行，采取"定单式"或"定向式"培训方式，培训结束后可以在有关机构的指导下定向就业。

（2）参加职业高中、技工学校、夜校、成人中专、专门的职业培训学校的学习。诸如烹饪学校、驾驶学校、计算机培训学校、家电修理培训班等，这些学校专门从事各类专业的技能培训活动，既可以学到较系统的知识，也可以在短时间内掌握一定的技术，是目前务工者获得有关专业技能的重要渠道。

（3）电视学校或网络学校的培训。目前国家通过远程教育开设了上百个可供选择的专业，逐渐成为当代农村青年获得进城务工知识与技能的重要途径。

（4）参加在岗技能提升培训。农民工朋友就业后，可根据所从事工作、岗位的技能要求，由企业组织自愿参加在岗技能培训，不断提高技能，以更好地胜任工作，提高收入。

53. 职业资格各等级的申报条件有哪些?

职业资格证书制度是劳动就业制度的一项重要内容，也是一种特殊形式的国家考试制度。主要是指按照国家制定的职业技能标准或任职资格条件，通过政府认定的考核鉴定机构，对劳动者的技能水平或职业资格进行客观公正、科学规范的评价和鉴定，对合格者授予相应的国家职业资格证书的政策规定和实施办法。

参加不同级别鉴定的人员，其申报条件不尽相同，考生要根据鉴定公告的要求，确定申报的级别。一般来讲，不同等级的申报条件为：

（1）参加初级鉴定的人员必须是学徒期满的在职职工或职业学校的毕业生。

（2）参加中级鉴定的人员必须是取得初级技能证书并连续工作 5 年以上、或是经劳动行政部门审定的以中级技能为培养目标的技工学校以及其他学校毕业生。

（3）参加高级鉴定的人员必须是取得中级技能证书 5 年以上、连续从事本职业（工种）生产作业不少于 10 年、或是经过正规的高级技工培训并取得了结业证书的人员。

（4）参加技师鉴定的人员必须是取得高级技能证书，具有丰富的生产实践经验和操作技能特长、能解决本工种关键操作技术和生产工艺难题，具有传授技艺能力和培养中级技能人员能力的人员。

（5）参加高级技师鉴定的人员必须是任技师 3 年以上，具有高超精湛技艺和综合操作技能，能解决本工种专业高难度生产工艺问题。在技术改造、技术革新以及排除事故隐患等方面有显著成绩，而且具有培养高级工和组织带领技师进行技术革新和技术攻关能力的人员。

54. 技能提升补贴可以申请几次？不同职业同一等级证书可以同时申请吗？

根据《人力资源社会保障部 财政部关于失业保险支持参

保职工提升职业技能有关问题的通知》有关规定，同一职业（工种）同一等级职业资格证书只能申请并享受一次技能提升补贴。因此，凡符合技能提升补贴申领条件的参保职工，取得同等级但不同职业（工种）的职业资格证书，可以申领多次补贴，也就是"一证一领"。

技能提升补贴政策是失业保险制度理念转变、功能拓展的具体体现，目的就是激励参保职工提升职业技能和就业竞争力，降低失业风险，增强就业稳定性，从源头上减少失业。为进一步发挥政策效应，2018 年 4 月，人力资源和社会保障部启动实施失业保险支持技能提升"展翅行动"，提出力争使符合条件参保职工都能享受到技能提升补贴的目标任务。符合条件的参保职工，可以咨询参保地失业保险经办机构申领补贴。

55. 国家对新生代农民工培训有哪些具体措施？

《新生代农民工职业技能提升计划（2019—2022 年）》明确规定，将从事非农产业的技能劳动者都纳入培训计划，在不同就业形态对应的培训中，分类指导。

（1）对准备就业人员。对登记培训愿望的农民工，在一个月内提供相应的培训信息或统筹组织参加培训。

（2）对已就业人员。鼓励企业重点对新生代农民工开展企业新型学徒制培训。

（3）对建档立卡贫困劳动力。精准掌握就业困难人员中新生代农民工的基本情况，优先提供技能培训服务或技工教育。

（4）对拟创业和创业初期人员，提出重点开展电子商务培训。

链接：

"粤菜师傅"工程看广东如何用"舌尖"脱贫

广东省将实施"粤菜师傅"工程作为推进乡村振兴战略工作全局的一项重要举措。从广东省人力资源和社会保障厅公布的《广东省"粤菜师傅"工程实施方案》得知，全省到2022年预计开展粤菜师傅培训5万人次以上，直接带动30万人实现就业创业，将"粤菜师傅"打造成弘扬岭南饮食文化的国际名片。

"粤菜师傅"工程将重点实施三大"行动计划"。

（1）通过实施"粤菜师傅"培育行动计划，鼓励建设"粤菜师傅"培训基地。支持设立以"粤菜师傅"培养为主的各类职业院校等。到2022年，全省建设30个粤菜烹饪技能人才省级重点和特色专业。同时，开展地方特色粤菜烹饪技能标准开发和"粤菜师傅"评价认定。

（2）通过实施"粤菜师傅"就业创业行动计划，创新"粤菜师傅＋旅游"就业创业模式，挖掘、推广乡村本土特色菜式、特色宴，打造一批乡村粤菜美食旅游景点和乡村粤菜美食旅游精品线路。到2022年，全省打造1000个乡村粤菜美食旅游点，建设 100 条乡村旅游美食精品线路。

（3）通过实施"粤菜师傅"职业发展行动计划，打造"粤菜师傅"文化品牌。各地、各饮食行业协会和餐饮企业积极开展"粤菜师傅"职业技能竞赛活动。支持相关行业协会开展名厨师、名粤菜、名餐店等评选活动。鼓励各类酒店、餐饮企业建立和推行"粤菜师傅"首席技师制度。

"粤菜师傅"工程的培养对象是开放的，技工院校、职业院校、社会培训机构和企业等都可以参与。既可以是农民，也可以是城镇劳动者。广东培养的"粤菜师傅"不仅可在农村就业，也可到城镇，甚至海外就业创业。在广东顺德菜、客家菜、潮州菜、粤西菜等丰富的粤菜系列基础上，深挖岭南传统粤菜美食内涵，依托乡村旅游资源，与民俗文化、农业观光休闲等有机结合，打造一系列美食名品名厨名店和一批乡村粤菜美食旅游点、精品线路，用"舌尖"脱贫致富，开启乡村振兴路。

第七章

如何开启创业路？

56. 创业有什么好处？

中国改革开放 40 多年，经济繁荣，社会发展。随着经济的不断发展，各种用工需求陡然增加，许多农民兄弟进城务工，他们从事的工作主要集中在各类工厂、建筑行业、物流运输、餐饮、家政服务等领域。一方面，他们的工作为城市的发展作出了一定的贡献；另一方面，他们也通过工作，获得了新的收入来源，生活得到了极大改善。但与此同时也出现了一些问题，比如留守儿童和留守老人；比如在城市工作，却无法真正融入城市；比如随着年龄增长，体力精力下降，无法胜任高强度工作；比如自己的子女未能考取大学，也要继续在城市务工，但是新生代又不愿意或者不适应老一辈从事的工作类型等。尽管有诸多困扰和问题，但是对美好生活的向往和追求从不曾改变。

每逢春节，老乡们都要回家看望年迈双亲和年幼子女，千里迢迢，一路风霜。中国的春运总是能在那个时刻集中展现出人们对家的眷恋。可以说，每个农民兄弟心中都思念家乡和故土。如果不用离家，又能有满意的收入；既能阖家团聚，共享天伦，又能拥有相对富裕的生活；子女虽未能接受高等教育，却也能利用自己的聪明才智过上幸福的生活……这大概是每个农民兄弟的期盼。那么如何实现这些美好的愿望呢？通往罗马的路不止一条，其中，在家乡就近就业或者创业就是一条通往梦想的路。那么，创业有哪些好处呢？

（1）就近创业，可以解决离家的问题。父母和子女都能得到良好的照顾。

（2）创业成功，可以实现家庭可持续的收入增长。

（3）家庭成员可以共同参与该份事业，全家人共同为幸福生活打拼。

（4）农村资源丰富，利用好身边的资源创业，既能发挥自己的特长，又能获得可观收入，甚至还能带动身边的老乡共同富裕。

创业的好处有很多，最关键的是看自己的真正需求是什么，创业能否满足自己内心的真正需求。

57. 创业有什么风险？

凡事都有两面。创业既有好处，一定也存在风险。

（1）亏损的风险。创业需要投入资金，并且有可能不是一次性投入，而是要持续投入。创业既可能成功，也可能失败。如果创业失败，投入的资金就收不回来了。

（2）其他机会丧失的风险。创业是一种选择，所谓选择就是选择了 A，就同时放弃了 B 和 C，这是机会成本。选择创业的同时也就放弃了其他工作或者创收的机会。

（3）时间损失的风险。创业是需要花费长时间去经营和论证的事业。有可能付出多年的时间却没能成功，但是时间流逝了。每个人精力和体力最旺盛的时间毕竟有限，时间对每个人来说都是非常宝贵的资源。

（4）家庭的风险。创业是一项艰苦的事业，需要全副身心投入其中。有可能为了打拼事业疏忽了家庭和亲人。如果创业失败，还可能因经济损失给家庭生活带来不利的影响。

正因为创业存在着如此多的风险，创业者更应该认真了解有关创业的知识，帮助自己做出正确的决策，力求在决策后获得成功。

58. 农民创业都能做什么？

近年来，国家高度重视农村产业发展，党的十九大提出要紧紧围绕发展现代农业，围绕农村一二三产业融合发展，构建乡村产业体系，实现产业兴旺。农民生在农村，长在农村，了解农村，要在农村创业，最好既能结合国家大政方针政策和发展趋势，又能结合自己的资源，发挥特长。

结合以下的案例进行分析：

李大哥是四川人，家乡盛产各种竹子，漫山遍野，翠意盎然。当地大部分人都把竹子当作一种原材料使用了。他自己也有一块山地长满竹子。他之前在市里一个装修队打工，见过很多别墅还有花园，都用竹子做装饰，价格也不便宜。他当时留意了这件事，更从老板那里听到了一句"不可居无竹"的话，他就知道原来自己家乡漫山遍野的竹子，在城市人眼里可是放在家里舒畅身心的宝贝。于是李大哥带着儿子一起做起"装饰"用竹的生意，收入可观。

通过前文的案例可知，农民兄弟创业最好结合自己的资源和优势。那么农民创业究竟有哪些领域可以去尝试？建议从以下方面考虑：农产品加工业与休闲、旅游、文化、教育、科普、养生养老等产业深度融合；休闲农业和乡村旅游；特色农业、传统民俗民族工艺、手工编织、乡村特色制造、乡土产业、养生养老、科普教育和生产性服务业等乡村特色产业。具体来说：

（1）生态农业种植、养殖业。常规的农业种植、养殖业规模小，收益不高；规模大，投入不起，普通农民创业较难开展。为此很多农民兄弟选择了生态农业种植和养殖，此类种植、养殖需要付出很多辛苦劳动，产量不高，但是单价高，收益高。

（2）休闲旅游餐饮服务。随着生活水平的不断提高，城市人开始追求"田园生活"，很多人利用周末，全家人到乡下呼吸新鲜空气，他们需要居住和饮食，这给农村的老乡们提供了新的生意机会。农家乐的餐饮和住宿，不需要高大上，只要干净卫生、原汁原味，就能赢得客户，如果再能有一些自己的特色，就更能锁定客户。

（3）休闲农业与教育体验结合。如今城市的孩子们，很多只在书本中看过蔬菜、禾苗、牛羊，从来没有在生活中见到过，有些小朋友甚至不知道马铃薯是长在地底下的，以为是长在树枝上。农村和农业生活的体验服务有广阔的需求和市场。全家人一起到农村，观察各类蔬菜水果、家禽动物，一起收割麦子、一起挖番薯……这在农村看来都是再平常不过的农活，可在城市孩子们那里就是一场生活的体验教学课，更是全家人一起沟通、娱乐和劳动的好机会。

（4）农村电子商务及物流服务。随着智能手机和网络的普及，网络购物在农村早已司空见惯，物流服务也跟着迅猛发展。农村电商和物流服务的短板就是最后一公里。城里的东西要下乡，乡下的东西要出去，都离不开农村电商和物流这个环节。很多大学毕业生选择回乡创业的时候，也都选择了农村电商和物流领域，既能借助大电商和物流公司的服务体系，同时又发挥自己在农村的优势，打通各大电商和物流企业的最后几公里服务。

59. 创业的模式有哪些，如何选择？

按照中国法律规定，创业模式多种多样。公司制是最常见的一种创业模式。除了公司以外，常见组织形式还有合伙企业、个人独资企业以及个体工商户。这些组织形式特点各异，创业者如何选择组织形式才能既可以激发企业活力又能更大程度地保护创业者个人非常重要。而且，创业者在实际的经营管理中势必会经常与各种类型的组织形式打交道，了解它们的性质和特点，对于管理决策有着至关重要的意义。

（1）公司制组织。公司包括有限责任公司和股份有限公司两种，股份有限公司门槛较高。一般而言，股份有限公司的规模比有限责任公司大，上市公司都是股份有限公司。其余的则都属于非公司制组织。公司是具有法人资格的组织，能独立承担民事责任，因此，公司的股东承担的是有限责任。

（2）非公司制组织。除了公司制组织以外，其他都是非公司制组织，常见的组织形式有合伙企业、个人独资企业以及个体工商户。非公司制组织（民间非营利组织、行政事业单位等除外，下同）不具有法人资格，也就是说它们不能独立承担责任，它们的责任是与创业者绑定在一起的。当非公司制组织资不抵债时，创业者（有限合伙人除外）仍需承担无限连带责任，从这个意义上来说，创业者设立非公司制组织面临的风险更大。

虽然公司制不用承担无限责任，但依然有大量组织采用非公司制组织，原因就在于非公司制组织具有以下特点：

（1）税负低。公司制企业是双重征税。公司盈利后须缴纳企业所得税，股东在获得分红时还需被征收个人所得税。而非公司制组织盈利后，创业者只需要缴纳一次个人所得税即可，税负较低。

（2）组织架构简单，管理成本低。通常非公司制组织内部架构比公司制组织简单，不用设立股东大会、董事会、监事会等，决策效率更高。而且非公司制组织的成立、注销程序也相对简单。如果自己要从事的业务经营风险较低也没有明确的未来扩张计划，那么采用非公司制形式较为适合。比如开一家商铺，采取个体工商户的形式，成立、经营、管理、注销程序等都相对简单，管理成本较低。

有很多组织是出于管理的需要或者法律强制规定必须采用合伙制，才采用合伙制的形式，比如会计师事务所等必须采用合伙企业的形式。私募股权投资等创投企业出于管理需要一般采取有限合伙制，既可以降低税负，又可以激励普通合伙人。

无论是从经营管理还是责任承担方面，各类型组织形式差别很大。一般而言，农民创业初期，个体工商户的形式已经能满足基本需求。但是具体还是要根据行业特点、自身情况和创业规划，综合考虑各方面因素，选择一种适合自身发展的组织形式。

60. 各类型组织形式如何注册?

（1）个体工商户注册：

①基本要求。

注册资金。对注册资金实行申报制，没有最低限额基本要求。

允许注册人员。有经营能力的城镇待业人员、农村村民以及国家政策允许的其他人员，可以申请从事个体工商业经营。

其他要求。申请人必须具备与经营项目相应的资金、经营场地、经营能力及业务技术。

②提交申请。

申请人签署的个体工商户设立登记申请书；

申请人身份证明；

经营场所证明；

国家法律、法规规定提交的其他文件；法律、行政法规规定须报经有关部门审批的业务的有关批准文件。

③办证程序。

当地工商分局领表填写；

行政中心工商窗口核准名称；

材料齐全后去当地工商分局办理执照。

下面给创业者一个关于电子商务经营者登记的小贴士：

2018 年 12 月，国家市场监督管理总局印发《市场监管总局关于做好电子商务经营者登记工作的意见》，明确按照线上线下一致的原则，电子商务经营者应当依法办理市场主体登记。电子商务经营者申请登记成为企业、个体工商户或农民专业合作社的，应当依照现行市场主体登记管理相关规定向各地市场监督管理部门申请办理市场主体登记。电子商务经营者应当在其首页显著位置，持续公示营业执照信息。个人销售自产农副产品、家庭手工业产品，个人利用自己的技能从事依法无须取得许可的便民劳务活动和零星小额交易活动，以及依照法律、行政法规不需要进行登记的，可以不办理登记，但是必须公示信息。以网络经营场所作为经营场所登记的个体工商户，仅可通过互联网开展经营活动，不得擅自改变其住宅房屋用途用于从事线下生产经营活动并应作出相关承诺。登记机关要在其营业执照"经营范围"后标注"（仅限于通过互联网从事经营活动)"。

（2）公司注册。一般来说，公司注册的流程包括：企业核名→提交材料→领取执照→刻章，就可以完成公司注册，进行开业了。但是，公司想要正式开始经营，还需要办理以下事项：银行开户→税务报到→申请税控和发票→社保开户。以上事项可以由申办人自己亲自办理，过程较为繁琐，但是节约费用。如申办人不具备自己办理的能力和经验，也可委托代理公司代为办理，代理公司会收取一定的费用作为代办服务费。

公司注册流程具体说明如下，各地区可能存在部分差异，具体以当地工商部门规定为准。

①核准名称。

时间：1~3个工作日。

操作：确定公司类型、名字、注册资本、股东及出资比例后，可以去工商局现场或线上提交核名申请。

结果：核名通过，失败则需重新核名。

②提交材料。

时间：5~15个工作日。

操作：核名通过后，确认地址信息、高管信息、经营范围，在线提交预申请。在线预审通过后，按照预约时间去工商局递交申请材料。

结果：收到准予设立登记通知书。

③领取执照。

时间：预约当天。

操作：携带准予设立登记通知书、办理人身份证原件，到工商局领取营业执照正、副本。

结果：领到营业执照。

④刻章等事项。

时间：1~2个工作日。

操作：凭营业执照，到公安局指定刻章点办理公司公章、财务章、合同章、法人代表章、发票章。至此，一个公司注册完成。

（3）办理注册所需的各项资料。在办理以上各步之前，需要申办者提前在当地的工商部门网站查询办理所需要携带的各项资料，以便能在前往办理时顺利完成办理手续。以下是需要提前准备好的资料清单，仅供参考：

①公司法定代表人签署的公司设立登记申请书；

②全体股东签署的公司章程；

③法人股东资格证明或者自然人股东身份证及其复印件；

④董事、监事和经理的任职文件及身份证复印件；

⑤指定代表或委托代理人证明；

⑥代理人身份证及其复印件；

⑦住所使用证明。

61. 国家在创业方面的政策有哪些?

创业政策是政府部门制定的关于创业的有关政策。它主要包括创业扶持政策、行政收费优惠政策、创业实体注册条件的放宽政策、吸纳就业的奖励政策、税收优惠政策、金融信贷扶持政策、社会保险优惠政策、免费创业培训政策等。对打算创业的创业者来说，了解这些政策才能走好创业的第一步。

从国家层面上来说，创业政策比较宏观，而从不同地域来说，因为各地政府在国家大政策的指导下又出台了一些适应当地的扶持政策，可操作性更强，所以具体内容要创业者根据所在地政府出台的政策确定。下面列举部分地方政府的扶持政策：

（1）河北省为农民工及返乡人员创业提供最高 10 万元的担保贷款；明确在财税政策、金融服务、社会保险等方面支持农民工、大学生和退役士兵等人员返乡创业。

（2）陕西省提供 1.51 亿元金融贷款支持农民工及返乡人员创业创新；返乡创业贷款主要用于支持创业企业、返乡创业示范基地、龙头企业以及特色农产品开发，以实现脱贫攻坚和区域发展双重目标。贷款成本较低，符合条件的企业申贷周期只需一个月左右。

（3）甘肃省设立"绿色通道"，为返乡下乡人员创业创新提供便利服务。采取财政贴息、融资担保、扩大抵押物范围等综合措施，对符合条件的返乡下乡人员创业创新信贷需求优先提供扶贫小额贷款、创业担保贷款，对创办的小微企业优先提供产业扶贫专项贷款支持。

（4）河南省成立了总规模 100 亿元的"农民工返乡创业投资基金"，支持农民工及返乡人员创业创新。

（5）山东省将对符合条件的农民工及返乡人员最高可发放10 万元创业担保贷款，期限最长不超过 3 年。

（6）四川省每县给予500万元资金扶持返乡创业；返乡创业个人可申请最高10万元的创业担保贷款，创办企业享受不同程度企业所得税减免。

（7）安徽省开展"接您回家"活动支持返乡创业；返乡人员创办劳动密集型小企业或新型农业经营主体，可按规定给予最高额度不超过200万元的创业担保贷款，并按照同期贷款基准利率的50%给予财政贴息。

（8）江苏省出台《全民创业行动计划（2017—2020年）》。为解决初创人员资金短缺问题，该行动计划首次明确，达到规定条件的可以取消反担保，鼓励各地将个人贷款最高额度提高到不低于30万元，贷款期限延长到3年。

（9）江西省小微企业贷款最高400万元试点住房财产权抵押贷款。江西省加大对返乡下乡人员创办的企业、农民合作社、家庭农场、种养大户的信贷扶持力度。稳步推进农村土地承包经营权、农民住房财产权抵押贷款试点。对符合创业条件的返乡下乡人员，可获创业担保贷款最高额度为10万元；对符合条件的小微企业，贷款最高限额为400万元。

（10）贵州省出台政策规定，农民工等返乡下乡人员到贫困地区创业，不仅可申报扶贫项目资金扶持，其创办的农民合作社、家庭农场等，还可享受相关税收减免政策。设立返乡下乡人员创业"绿色通道"，为农民工等返乡下乡创业群体提供精准高效的政策咨询、证照办理等服务，避免返乡下乡人员创业办事难、跑断腿等情形。

（11）广东省对符合条件的返乡创业人员，可按规定申请创业担保贷款，其中个人最高20万元，合伙经营或创办小企业的可按每人不超过 20 万元、贷款总额不超过 200 万元的额度实行"捆绑性"贷款，符合贷款条件的劳动密集型和科技型小微企业，贷款额度不超过 300 万元。

62. 国家在金融信贷方面对农民有何扶持和贴息政策？

目前，金融信贷扶持和贴息政策主要聚焦的重点领域是支持农村创业创新，着力支持建设各类现代农业产业园、农业科技园、农民创业园，支持创业创新示范基地、创业孵化基地、创客服务平台等体系建设；支持返乡创业培训实习基地、农民职业技能培训基地、培训创业扶贫一体化等基地建设；支持以农牧（农林、农渔）结合、循环可持续为导向，发展优质高效绿色农业的工程及项目，支持产业链条健全、功能拓展充分、业态新颖的新产业和新业态，鼓励和扶持创业基础好、能力强的返乡下乡本乡人员大力开发乡土乡韵乡情潜在价值，发展休闲农业、乡村旅游、农村电商等新兴产业，提升农业价值链，拓宽农村创业创新领域。

在小额担保贷款财政贴息资金管理上，国家财政部、人力资源和社会保障部、中国人民银行也有相关规定。例如，财政贴息资金支持对象包括符合规定条件的城镇登记失业人员、就业困难人员（一般指大龄、身有残疾、享受最低生活保障、连续失业一年以上，以及因失去土地等原因难以实现就业的人员）、复员转业退役军人、高校毕业生、刑释解教人员，以及符合规定条件的劳动密集型小企业。上述人员中，对符合规定条件的残疾人、高校毕业生、农村妇女申请小额担保贷款财政贴息资金，可以适度给予重点支持。财政贴息资金支持的小额担保贷款额度为：高校毕业生最高贷款额度 10 万元，农村妇女最高贷款额度 8 万元，其他符合条件的人员最高贷款额度 5 万元，劳动密集型小企业最高贷款额度 200 万元。对合伙经营和组织起来就业的农村妇女最高人均贷款额度为 10 万元等。

各地区根据国家的有关政策均制定了本地区的金融信贷扶持和贴息政策，详细情况可以到本地人力资源和社会保障部门、财政部门、农业部门等咨询。

63. 如何用好创业政策？

创业政策是国家及各级政府为保护创业者所出台的一些鼓励、支持政策。正确合理地运用创业政策可以使创业者的创业之路更加顺利。那么如何才能用好创业政策呢？

（1）树立正确的理念。创业政策具有一定的导向作用，从政策可以看到政府对创业的态度，对哪些领域、行业支持，政策是创业者的助推剂，但不是创业的万能药。创业者首先自己必须具备一定的条件、基础，在研究市场、看准市场商机的同时去选择创业并适时地通过创业政策为自己服务。绝不能靠政策创业，更不能为了享受政策而创业。这是用好创业政策必须树立的理念。

（2）选择适合的政策。每个创业者的创业方向和创业特点不同，每项创业政策的适用范围和对象也不同，创业者在利用创业政策时，要选择适合自己的政策，要适合自身的创业条件、创业行业、创业类型和创业过程。

（3）发挥政策的实际效应。运用创业政策是为了顺利起步创业、降低经营成本、改善经营状况、提升经营能力，帮助企业发展壮大，走上长期可持续发展的道路。为此在选择了适合自身的创业政策后，切实发挥好政策的实际效应。切不可为了用政策而用，一定是需要用才用。

案例：

走向富裕，开启新农村创业路

大学生佳佳出生在一个山清水秀的小山村，毕业后在城市里工作了 5 年。她的姐姐一直生活在老家，从事草鸡蛋销售工作，主要方式就是通过农业合作社收购养殖户的鸡蛋，再卖给消费者。在一次聊天中，佳佳了解到：姐姐是二传手，鸡蛋销售成本较高，在终端价格相对透明的情况下，自己的利润很薄。并且因为要从其他人那里收购，有时候其他养殖户将鸡蛋卖给了其他收购商，姐姐需要的时候就找不到货源，影响销售。在进行了一番市场调研和家乡土鸡养殖行业的情况后，佳佳和姐姐商量，共同出资建起了一个土鸡养殖场，先请爸妈帮忙打理，姐妹两个先抓市场。姐姐负责老渠道销售，佳佳负责微信、微博直销的新渠道开发。

通过线上直销，佳佳的账户多了很多好友粉丝，在线养殖、饲养过程的展示吸引不少市民线上订购，佳佳收到订单后，直接配送上门。目前，佳佳的稳定客户已经积累了2000多名。

她们卖的鸡蛋定价每个1.5元，线上交易9个月以来，先后卖了3万个草鸡蛋，实现了她们最初预设给自己的目标。

随着客户规模的扩大，佳佳开始和姐姐商量如何将现有业务做大做强。如果扩大养殖场规模，需要大量投资，并且养鸡场的管理也可能跟不上，姐妹两个觉得以目前的经济实力不能从扩大养殖规模做文章。在经过多方面的衡量论证之后，她们决定，将村里的养鸡散户联合起来，成立在线绿色养鸡联盟，根据她们制定的标准，统一进行线上在线养殖、展示、品控及唯一授权经销。为此，她们的事业版图更大了。

第八章

创业资源有哪些？

64. 什么是创业资源?

创业资源包括自然资源和社会资源、技术资源等。比如,自己是否有山林、土地、湖泊等资源?自有、承包或者租赁?自己有没有可以合作共同创业的伙伴?有没有具有丰富经验的朋友?有没有相关领域的专家支持?资金上有没有优势?是否掌握什么技术或者创意,等等。这些就是创业资源。

65. 创业者为什么要了解创业资源?

资源是创业的重要基础,没有任何资源的创业就是无源之水,很难获得成功。认真研究分析创业资源是创业的首要任务。创业不能凭借一时冲动就开始,创业者作为一项新开创事业的领导者和策划者,需要认真研究自身优势、劣势、外部环境的机会和挑战,自己资金、技术、管理、团队等各个方面的情况是否已经具备创业的基础和条件,进而进行是否开展创业的决策。如此,才有可能获得创业的成功。

66. 如何看待各类创业资源？

资源是一切可被人类开发和利用的物质、能量和信息的总称。可以将它分为自然资源和社会资源。在认识自己拥有的资源时，要比较全面地分析自己所处的环境和自身的条件。既要分析拥有的自然资源，包括土地、山林、矿产等，也要分析自己拥有的社会资源，包括技术、信息以及人际关系等。对资源的分析要实事求是。在符合国家大政方针的前提下，对资源进行合理的整合和有效利用，以达到效益最大化。

67. 偏远乡村如何利用资源创业？

偏远乡村，通常存在交通条件较差、经济条件差、资金紧张、信息闭塞、人才缺乏等问题。交通条件差，运输成本必然高企，因此低利润、分量重的农产品是不适合发展的。经济条件差、信息闭塞会导致土特产品难以依靠自己的力量进入市场，大多数会被中间商收购获利，农民利润微薄。人才的缺乏也会导致难以打开新思路，发现新机会。偏远乡村的发展，必须化劣势为优势，开展创业。例如，因为地处偏远，因此受工业污染的程度低，自然环境好；因为信息相对闭塞，因此可能保留了传统、淳朴的民风面貌等。对于此类地区，建议：

（1）发展高值产品，避免低值产品。像白菜、萝卜之类的常规大宗蔬菜，价值低，运输成本高，偏远地区生产销售此类商品不具备任何竞争优势。如果发展绿色有机食品和绿色特色农产品，则能将地处偏远的劣势转为优势，利用环境无污染的特点打造绿色、环保、健康的特色农产品品牌。

（2）发展绿色农业与休闲旅游相结合的产业。将偏远劣势化为优势，打造原始、自然风貌的乡村旅游业，挖掘乡村故事和内涵，结合自然资源，发展绿色农业和特色乡村旅游结合的产业，游客对特色农产品和传统手工制品等商品的价格敏感度不高，且市场无同类商品进行对比，因此可以打造出差异化的竞争优势。

（3）转变思路，发展农村电商。偏远乡村的基层组织应充分发挥战斗堡垒作用，主导发展建立农村电子商务平台和联合体，充分利用扶贫政策和资源，结合现代电子商务技术，建立从村到市的一手销售渠道，去中间商和差价，帮助农民提升产品利润。

68. 城郊乡村如何利用资源创业？

创业就是要充分利用自己掌握的各类资源，将资源的价值最大化。作为城郊乡村，其显著特点就是与城市相邻、与农村相连，是个中间产物，具备双向特征。一方面能快速直接地把农村的商品和服务输入城市，另一方面又能把城市的信息和技术转化利用，推向农村。正所谓"靠山吃山，靠水吃水"。城郊乡村双"靠"，就要充分发挥这个桥梁作用。基于城郊乡村的特点，建议：

（1）围绕城市饮食需求和习惯，发展种植和养殖业。例如，城里流行吃玉米、芋头等粗粮，城郊农民发展这类种植业，销路就有保障。

（2）大力发展周末休闲游产业。把城里人吸引到城郊过周末，体验农村"土"生活。

（3）提供稀缺服务。比如，修鞋、衣服缝纫修补、家庭水电厨卫维修、废品垃圾回收等。这些生意，看着不起眼，城里没人做，但是很多小区、学校需要这样的服务，没人做所以稀缺，基本只要有档口，就不愁没生意。

（4）提供服务城市的农田租赁、农产品配送等服务。在城市中生活久了，很多人希望体验农夫的生活，养一头羊、种一亩地、赶一群鸭是很多城里人的梦想。城郊乡村有土地和养殖场地，可以提供土地租赁和动物认养服务，既可以由城里人自己种菜、养羊、放鸡，也可以由农民代为种养，蔬菜、羊奶、鸡蛋等可以提供配送上门服务。

69. 乡镇街道如何利用资源创业？

乡镇的街道主要是临街临马路，车流、人流旺盛。所有的商业首先需要的就是人流量。人在哪里，人流量就在哪里，钱就在哪里。因此，乡镇的街道旁其实就是一个庞大的人流量入口，餐饮、住宿、零售等第三产业是非常适合的产业。

70. 干旱地区如何利用资源创业？

干旱地区指降雨量较少、蒸发量较大的地区，此类地区生态环境脆弱，农业生产力低而不稳。干旱地区与其他自然资源丰富的地区相比，创业资源相对较少。为此，更多地要考虑如何利用当地环境、改造当地环境，变废为宝，转化劣势，创造优势。

干旱地区光照强、日照时间长、空气湿度大。在这样的地方创业必须解决当地的水源条件才能够发展。在种植和养殖上，要选定适应于当地环境、耐旱的植物和动物。在加工上，要充分利用当地的气温高、空气湿度小等特点。

除了种养产业外，必须进行销售模式的创新。农村电商是一条全新的、有效的销售模式。2018 年，甘肃省民勤县就利用农村电商平台和渠道销售蜜瓜 4 万吨，农民增产又增收，幸福指数大大提高。

71. 水源丰富地区如何利用资源创业？

水源丰富是指当地的水资源超过了发展常规农业生产所需要的程度。在这样的情况下发展生产，必须立足当地水资源条件，以当地水源丰富的特点去发展需要水源较多的产业，充分挖掘水资源丰富的潜力。例如，发展水产养殖、水生蔬菜、水乡旅游等。

在利用水资源发展有关产业的同时还必须坚持以市场需求为导向，不能只考虑这里适合种植什么和养殖什么，还要考虑市场需要什么。

2016 年开始，一个一直存在的美食"小龙虾"突然翻红，成了大街小巷、无人不知的网红美食，一时间全国到处都是小龙虾连锁餐饮的身影。在小龙虾的养殖和食用方面，一直以来以江苏盱眙小龙虾最为出名，但是近几年来，湖北在小龙虾产业异军突起，发展迅猛，消费市场持续放大，产业链不断延伸，2017 年，湖北小龙虾年产量达 63 万吨，养殖年产值达到

254.27 亿元。湖北借助小龙虾产业培育出一批国内知名度较高的龙头企业，以及楚江红等一系列小龙虾品牌。

湖北正是利用水源丰富的特点，同时结合市场发展趋势和旺盛的需求，抓住机遇，迅猛发展，在发展养殖业的同时，持续培育消费市场，将产业链不断延伸，以养殖为起点，延伸至小龙虾交易市场、冷链物流、深加工、餐饮业、休闲渔业等。

72. 山地地区如何利用资源创业？

山地资源比较丰富，通常山地资源中蕴藏着丰富的矿产资源、旅游资源、能源资源和生物资源等。在山地创业，就要充分开发和利用山地的资源。从农民创业的角度，矿产资源和能源资源的开发和利用难度较大，也需要大量资源和技术力量，为此气候和生物资源以及旅游资源是农民创业可以首要考虑开发利用的资源。

种养业方面，可以栽种适合山地的经济作物、药材等，也可以利用山区环境人工饲养山林动物等。靠山吃山，可以结合当地的山区旅游业，发展旅游服务产业和野生产品深加工和零售业，如山野蔬菜水果深加工及零售，山区农家乐和地道美食服务等。

在山区资源开发利用上，东北的一个小城新宾县的做法可以给创业者一些借鉴：

　　中国东北地区土地肥沃，森林茂密。在东北的辽宁省境内，有一个非常美丽的小城——新宾县（全称新宾满族自治县）。该县于 1985 年成立，是全国首个满族自治县。新宾县地处抚顺东南部，有着丰富的山林资源。这里的大山上有两样野生宝贝：野生黑木耳和林蛙。林蛙又名"雪蛤"，因其在寒冬中可冬眠长达五个月之久，因此得名"雪蛤"。雌蛙的输卵管里的营养物质，即林蛙油是名贵的食品、补品、药品，具有"滋补益精、养阴润肺、补脑益智"等功效。当地农民利用丰富的山林资源，从 20 世纪 90 年代开始围蔽山林，发展放养林蛙产业，新宾县是全国唯一的林蛙之乡。林蛙肉可以食用，林蛙油可以食用和入药。野生黑木耳也是这里独有的一个木耳品种。当地农民采用仿野生生产环境，选取优质黑木耳品种，采用小孔出耳方式，出产的木耳产品不仅具有"单片、小耳、无根"的特点，而且口感好，营养价值高。如今这种木耳已通过了国家地理标示认证，成了辽宁省的地标产品，黑木耳变成了"金木耳"。

73. 平原地区如何利用资源创业？

　　平原是指陆地上海拔高度相对比较小的地区，也指广阔而平坦的陆地。它的主要特点是地势低平、起伏和缓。平原不但广大，而且土地肥沃、水网密布、交通发达，是发展农业专门化和机械化生产的绝好地区,平原地区也是经济文化发展较早较快的地方。

作为创业者,要充分认识平原地区的特点和优势,从而策划自己的事业。如平原土地肥沃,适合发展规模化生产的农业和加工业;交通发达,则运输便利,商品运输成本较低。平原地区经济相对发达,人口较多,服务业相对发达。

2019 年的一号文件《中共中央 国务院关于坚持农业农村优先发展做好"三农"工作的若干意见》指出,大力发展紧缺和绿色优质农产品生产,推进农业由增产导向转向提质导向。深入推进优质粮食工程。实施大豆振兴计划,多途径扩大种植面积。支持长江流域油菜生产,推进新品种新技术示范推广和全程机械化。积极发展木本油料。实施奶业振兴行动,加强优质奶源基地建设,升级改造中小奶牛养殖场,实施婴幼儿配方奶粉提升行动。合理调整"粮经饲"(粮食作物、经济作物、饲料作物)结构,发展青贮玉米、苜蓿等优质饲草料生产。文件中支持的这些产业和方向都是非常适合平原地区发展的。

74. 不同经济条件的创业者如何选择创业方向?

就创业主体而言,同样都是创业者,大家具备的资源有差异,创业的难度有不同,成功的概率有大小。对于不同经济条

件的创业者，需要根据自己的实际情况进行分析，选择合适的
创业道路。

（1）经济条件较好的创业者，通常是家庭或者自己之前已
经通过创业或者工作积累了一定的财富，具备了一定的经济实
力。在经济条件充裕的情况下，创业者选择的余地相对较大，
自由度较高。此类创业者进行创业时，主要考虑两个方向：

①在原有事业或相关联业务基础上进行拓展，做大做强；

②寻找一个新领域的新机会，开创新的事业。

无论是哪个方向，都需要考虑三个基本问题：第一，是否
有足够的资源可以调配，包括财力、物力、人员、社会关系、
其他资源等。第二，市场前景如何。第三，自己是否具备竞争
优势。

（2）经济条件较差的创业者，通常是没有创业资金、资
源，不具备创业的物质条件。在这种情况下，如果想要创业，
就要选择轻资产类项目，如通过自己的技术、专长进行创业。

结合以下案例进行分析：

林珊出生在农村，从小喜欢画画，后来经过自己的努力进
入大学学习，现在是某高校环境艺术设计专业即将毕业的大学
生，师兄师姐毕业后基本都进入了家装设计公司工作。林珊的
父亲是一位建筑工人，和一些叔叔伯伯在城市里跟着装修队老
板搞家庭装修。工作辛苦，有时候工资结算也不及时。林珊和
父亲商议，自己想先到设计公司工作，学习经验，掌握家庭装
饰工程的运作和管理模式，以后有机会也想自己做工作室，接
项目给爸爸的工程队干。就这样，林珊按照自己的想法实施了

这一计划。两年后，林珊积累了一定的客户资源，有很多老客户介绍新客户给她，有些客户虽然非常喜欢她做的装饰设计，但是因为预算等原因没能和她所工作的装饰设计公司签约，反而是拿着她的设计，自己找装修队施工了。林珊感觉，这样的客户挺多的，也许自己的机会来了。于是，她大胆尝试，成立了自己的装饰设计工作室，专门服务那些资金有限，又对家庭装修设计有一定要求的客户，同时为他们提供装修施工服务。凡是采用他们的工程队施工的客户，就不再额外收取任何设计费用。因为价格实惠，吸引了很多客户。随着业务不断扩展，他们在施工上也逐渐规范起来，聘请了专门的项目经理进行管理。父亲的施工队也在他们严格要求和管理下，从"游击队"变成了"正规军"。

75. 工业发达程度不同的地区如何选择创业方向？

工业发达程度不同的地区特点也不同。工业发达地区经济较为发达，聚集各类人才和工人等，这类地区可以围绕为人提供服务，发展第三产业。例如，产业工人的生活服务就是一个庞大的市场，衣食住行、文化教育、休闲娱乐等。

工业不发达的地区，一般来说工业污染较轻，适合农业的清洁生产，可以开展无公害农产品、绿色农产品、有机农产品的生产。随着人们生活水平的不断提高，对健康、环保、安全的要求不断提高，此类产品的市场前景远高于一般农产品，市场售价也更高。除此之外，污染较少的地区自然环境优越，为开展旅游业提供了前提条件。还可以把生态农业和休闲旅游结合起来，相互提升附加价值和利润空间。

76. 在"三无"条件下如何创造资源？

所谓"三无"就是通常所讲的无资金、无技术、无经验。很多农民兄弟面临这个问题。虽然"三无"，但是对美好生活的向往依然存在。那么在"三无"条件下，有没有可能开展创业活动呢？

资金的积累需要长时间且存在不确定性。经验的积累同样需要时间和机会。唯有技术是只要自己下定决心，通过自身努力就可以获得的资源。

想要掌握一技之长并以此作为创业的手段和资源，先要确定学习的方向。选择学习何种技术需要考虑多方面的因素，包括市场需求、需要学习的时间、需要付出的费用、学通学懂技术的可能性、该技术用于创业的可能性等。通过分析最后确定所学技术类型，如水电维修技术、木工技术、泥水工技术、驾驶技术、农业机械维修、鞋包维修技术等。开展学习后，要努力钻研，精益求精，力求在所学技术方面成为拔尖的人才，为日后创业奠定坚实的基础。习近平总书记说过，"幸福是奋斗出来的"。靠天靠地，不如靠自己。只要自己勤奋努力，脚踏实地，学通一门技术，一定可以开创一份属于自己的事业。

77. 如何开拓资源？

　　资源包括物化类的资源和非物化类资源。农民创业在资金、物质基础上通常不占优势，物化类资源开拓较为困难。因此非物化类资源是开拓重点，如技术、信息等资源。技术可以理解为一技之长，在上一个问题中已经阐述过：只要自己努力学习，并经过一段时间的实践，技术基本可以获得。信息类资源对创业来说非常重要，它需要创业者打开眼界，留心观察，用心思考，捕捉信息，用于选择和决策。

　　结合以下案例进行分析：

　　在城市里一直从事快餐外送服务的小李，每天中午、晚上都会到各个写字楼送快餐。每次在等电梯时或者在电梯里面就可以看到电子屏幕在播放广告，他等待的时候无聊，也会不自觉地看，瓜子二手车、58 同城等广告，他都耳熟能详。这些电子屏幕是分众传媒安装在各个楼宇的终端设备，为付费用户播放广告，通过收取广告费用获得利润。2018 年，分众传媒净利润 58.28 亿元。从这个事件中，有没有发现什么可以在农村利用的商机？

农村有很多院墙和房屋外墙，有的靠近马路，有的在村子里的主干道边上，那些墙壁是不是就像分众传媒的电子宣传屏幕一样？各类商品要下乡，要让老百姓天天看到，都要打广告，虽然现在也有很多墙壁上刷了广告，可是似乎很少有公司化、规模化统一运营的，如果成立一家公司，就像分众传媒一样，将村村寨寨的院墙广告统一管理起来是否可行？

创业的创意很多时候就来自外部信息，通过对信息的筛选、分析和整合，找到适合自己的创业金点子。

案例：

瓜农丰收不再愁

2018 年，甘肃民勤蜜瓜红遍整个电商网络。以前在蜜瓜成熟的季节，瓜民们都非常焦虑，想卖个好价格，对得起自己付出的辛苦，可是丰收的蜜瓜遍地都是，收购的商家价格很低，瓜民实在乐不起来。2018 年却大不同了，各大电商平台开展的电商扶贫活动使民勤蜜瓜瞬间席卷全国，京东、淘宝、苏宁易购、达令家、云集等各类电商平台全部集结在一起，现场签约，后台推送订单，现场打单发货，其中社交电商平台达令家两小时就将首批 40 吨蜜瓜销售一空。2018 年的夏天，民勤瓜农利用电商平台合计销售蜜瓜 4 万吨，从农田直接到餐桌，用户买得放心，农民卖得开心，利润空间也大幅提升。

民勤蜜瓜的热销有两个关键点：

（1）蜜瓜品质高，这是民勤的地理条件决定的。民勤县，位于甘肃省西北部，河西走廊东北部，石羊河流域下游，东、西、北三面被腾格里和巴丹吉林大沙漠包围。这里日照时间长、昼夜温差大的内陆沙漠型气候和沙性土壤条件，使其出产的黄白蜜瓜以肉绿翠玉、汁液甜香赢得客户一致好评。

（2）销售模式新。民勤以合作社和政府为依托，统一打造"民勤蜜瓜"品牌，将每个农户由"散户"变为统一品牌商品的生产商，由乡镇政府、村委、合作社牵头，统一与各大电商平台洽谈，从田间经电商渠道直接销售商品给终端客户。

民勤的成功经验主要源自民勤因地制宜，利用环境，优选产品，创新管理和营销模式。这也是各地区可以借鉴利用的宝贵经验。

78. 确定创业项目需要哪些知识？

确定创业项目需要掌握一定的项目分析方法，并依据分析做出决策。通常创业者需要对市场需求、内外部环境、竞争情况进行分析，具体而言，就是分析清楚自己要进行的项目、产品或服务是否有旺盛的市场需求？市场前景如何？未来发展趋势如何？自己开展创业有什么优势和劣势？所处的创业环境和资源条件如何？项目、产品或服务是否存在竞争？竞争程度如何？进入行业有没有门槛，等等。总结起来，就是对优势、劣势、机会、挑战作出分析。

79. 创业者需要具备什么素质和能力？

创业对大多数人而言是一件极具诱惑的事情，同时也是一件极具挑战的事情。作为创业者必须具备一定的素质和能力条件。

（1）心理素质。心理素质是指创业者的心理条件，包括自我意识、性格、气质、情感等心理构成要素。创业者应该自信和自主；性格刚强、坚持、果断和开朗；能做到"不以物喜，不以己悲"。面对成功和胜利不沾沾自喜，得意忘形；在碰到困难、挫折和失败时不灰心丧气，消极悲观。

（2）身体素质。身体素质是指身体健康、体力充沛、精力旺盛、思路敏捷。创业的过程是非常艰苦复杂的，工作时间长、压力大，没有良好的身体条件是难以胜任创业的辛苦的。

（3）知识素质。创业者的知识素质对创业起着举足轻重的作用。在竞争日益激烈的今天，单凭一腔热情或单一专业知识，想成功创业是非常困难的。创业者需要具备创造性思维，知识广博，眼界开阔。管理、法律、市场、销售、技术等方面的知识都应了解。

（4）能力素质。创业者应该具备学习能力、创新能力、分析决策能力、统筹协调能力、管理能力、应变能力、社交能力等。能力素质是可以通过学习和实践不断提高的。想成为一个成功创业者，就要做一个终身学习者。

80. 为什么创业要把资源条件利用最大化？

在前文中已经分析过，创业是需要资源条件的，将资源条件利用最大化，是合理的创业策略。如果能合理统筹运用各类资源，则创业成功的概率更大。在实践中，需注意以下几个方面：

（1）通过资源利用降低创业成本。现有资源利用得越多，需要额外支付费用获取的资源就减少，人尽其才，物尽其用，自然就降低了创业成本。

（2）提升统筹协调管理能力，最大程度发挥资源作用。统筹协调管理能力是创业者应不断提高的一种能力。创业是需要规划、统筹、协调的复杂过程。提高相关的能力可以帮助创业者在创业过程中合理调配资源，控制成本。俗语说"吃不穷，穿不穷，算计不到一世穷"，说的正是这个道理。

（3）挖掘自身潜能，最大程度发展和发挥自己的能力。创业是一个综合而复杂的过程。需要创业者调动起自身的各项能力和资源。有的人既想创业，又不想吃苦；有的人盲目开始了创业，过程中又"听天由命"，没有全力以赴。创业是一件充满挑战和困难的事情，人们看到的都是成功者，还有很多人在创业的路上损兵折将。创业不易，创业者必须充分挖掘自己的潜能，最大程度发挥自己的能力，才能在创业的路上收获想要的果实。

81. 如何解决创业知识不足的问题？

知识是通过学习、实践或探索所获得的认识、判断或技能。既包括理论知识也包括实践知识。知识通过感觉、交流、推理这样的复杂过程来获取，构成人类智慧的最根本的因素。创业需要知识和智慧的指引，如果存在创业知识不足的问题，就应该着手去解决。

（1）向书本学。农民创业普遍存在创业知识不足的问题。年少时成绩不理想、家境困难辍学、自身个性导致没能安心学业等种种原因导致他们在学习知识体系中存在非常多的空白和盲点。这些知识的空白和盲点，有可能限制自己在创业过程中的发展，因此必须重新树立学习的观念和信心，向书本学习，学习各类所需创业理论知识，为自己的创业之路保驾护航。

（2）向实践学。中国有句古语"学而时习之，温故而知新"。创业是一种实践，创业知识更需要去实践。通过实践，不断深刻领悟知识的内涵，进而产生新的认识，增加对知识的理解，并在此基础上实现创新。

（3）加强总结。所有事物都有其规律，在实践中观察，在观察后总结，可以帮助自己加深理解，找到规律，进而求得成功的方法。

82. 如何解决技术不足的问题？

技术是制造一种产品的系统知识，所采用的一种工艺或提供的一项服务。这种知识可能反映在一项发明、一项外形设计、一项实用新型或者一种植物新品种，或者反映在技术情报或技能中，或者反映在专家为设计、安装、开办或维修一个工厂或为管理一个工商业企业或其活动而提供的服务或协助等方面。技术的获取需要通过学习和不断实践。解决技术不足的途径有以下几方面：

（1）借用技术。不同的技术习得的时间长度不同，难度越大，需要的时间和实践越多。在自己不具备技术的情况下，可以考虑借用别人的技术来实现创业。例如，招收熟练技术工人，取人之长，补己之短。

（2）培训提高。当前技术工人尤其是熟练技术工人相对紧缺，工资要求也较高，从经营的成本和风险角度考虑，应同步提高现有人员的技术水平，打造一支稳定的技术队伍。

（3）重视考核，奖罚分明。注重对技术水平高的人才的激励和奖励。塑造重视技术、重视人才、重视技术提升和改造的氛围，让更多的人投入到技术创新活动中来。同时对技术落后且不求上进的人员给予相应的考核压力，打造有压力、有动力的技术学习和创新氛围，使整个技术团队力争上游。

83. 如何解决资金不足的问题？

在创业的过程中，资金是非常重要的因素，俗语说"巧妇难为无米之炊"，再好的创意，再优的团队，再强的能力，如果没有与之匹配的资金支持，都难以发挥作用。为此，创业者在制定创业规划的时候，必须首先考虑资金的问题。

（1）创业规划要与自身的经济能力相匹配。否则一切都是空中楼阁，无法实现。

（2）掌握集资融资的正确方法，妥善利用融资渠道。在进行集资融资时应需要注意几点：

①适度集资融资。集资、融资在数量上要根据需要适度进行，不能够随意扩大。集、融资金的数量必须在可控范围内；

②合法集资融资。按照国家的法律法规办事，确保自己的事业在健康、良性、有序的环境中进行；

③防范财务风险，不借高利贷。很多创业者在制定规划的初期，不注重财务规划和筹划，超出自己的经济能力办事，在事业进行的过程中出现资金短缺，为了避免前期投入的钱打了水漂，就临时筹措资金，一时难以筹集的时候，便动用了高利贷。一般的商业营收和利润不足以支撑高利贷的利息。很多创业者因此犯下了致命错误，导致事业失败，债台高筑。

84. 如何解决信息不足的问题？

信息是创业者正确决策的重要依据。主要包括技术、市场和政策方面的信息。在千变万化的市场经济中，如不能及时地、完备地得到这些信息、创业者必然会"盲人摸象"处处碰壁。同时，如果各种信息离散度大、层次浅、难以保证信息的完整性、准确性、及时性和有效性、也会影响创业者的正确决策，甚至影响事业成败，为此掌握充分、准确、及时的信息可以帮助创业者适时调整创业思路，科学制定创业规划。

如果创业者面临信息不足的问题，应该如何解决呢？

（1）了解国家政策。国家政策代表着国家对某产业的态度，这是了解产业市场前景的基础条件。2004 年至 2019 年国家连续 16 年发布以"三农"为主题的中央一号文件，强调了"三农"问题在中国的社会主义现代化时期"重中之重"的地位。作为想创业的农民，应该关注这些为了广大农民、农村利益出台的政策文件，研究国家肯定什么，支持什么，发展什么，可以帮助自己找到更好的创业方向。

（2）了解市场情况。作为一个创业者，必须对自己所生产的产品或提供的服务进行客观的分析。进入壁垒、市场潜力、目标市场、规模、增速、区域市场、竞争对手、优势劣势等。

获取信息的方式可以是通过相关网站、实地走访、问卷调查，也可以是行业专业人士访谈等。在信息收集上需特别谨慎，不能走过场，对于一些没有依据的信息不能轻易采纳，以免造成损失。

（3）了解技术情况。创业决策的信息依据主要来自政策、市场和技术三个方面，技术方面的信息也非常关键。在一个知识爆炸的时代，技术更迭快速，自己要创业采用的技术、工艺或者生产的产品，在技术方面是否具有竞争力，是否具有前瞻性，是否有市场应用价值和前景，这些都需要去认真研究了解，必要的时候可以借用外脑解决技术问题。

85. 如何解决农产品销售难的问题？

农产品销售难是长期困扰广大农民朋友的一个问题，尽管随着改革开放和经济发展，此问题有了较大改善，但依然是普遍存在的问题。农产品营销主要存在以下几个问题：

（1）营销主体发育不健全。我国农村农户具有分散、弱小的特点，不具备进入市场、参与营销和竞争的能力，小生产、大市场的矛盾普遍存在。

（2）生产者营销观念淡薄。我国农村农民的营销观念较为淡薄，重生产、轻营销，所以经常看到丰收后农民却愁眉不展的情况。观念跟不上，营销的渠道、手段就落后，生产和销售就衔接不上。

（3）农业生产组织化、规模化程度低。我国农村在农业生产上处于非常分散的状态，千家万户分散种植，品种各异，数量不等。销售主要是靠其他组织或者个人收购，然后再去销售。作为收购商，其关注的是自己的利益，通常收购价格压得较低，因此农民经济利益受损，积极性受挫。

（4）农产品销售渠道不健全。主要体现在销售渠道层次多、交易方式传统等。

基于以上分析，要解决销售难问题，可以从以下几个方面着手：

（1）在农业生产上结成集体协作联盟，进行组织化、规模化、专业化生产，改变小生产的格局，扩大种植面积，提高单品产量，便于制定单品营销策略和开拓大市场。

（2）借用外力打造营销渠道。农民的精力和特长主要还是在农业生产上，专业的人做专业的事。在营销观念、营销策略、营销渠道上，可以借用外力来实现。可以建立专门的营销公司，专门负责一个乡镇（村）的特色农产品营销策划和执行工作。

（3）创新营销思路和手段。随着信息化的快速发展，"互联网＋农业"已经开始崭露锋芒。在农产品营销方面，通过互联网技术，打破了营销和信息的壁垒。传统电商、直播、社交电商等平台为传统的农产品营销打开出路，带去了生机。营销观念、思路和手段的不断创新必然可以帮助农产品生产者找到销售的坦途。

86. 如何从创业成功的案例中学习经验？

创业不是数学题，永远没有确定的唯一答案。成功的路和方法有千千万，可以找规律，却不能照抄照搬。在众多的创业大军中总会涌现出不少的成功范例，这需要创业者自己去学习、去观察、去体会、去实践、去总结。

别人为什么成功，是因为勤奋，还是因为有头脑？是有专业人员指导，还是独占市场先机？是有政府扶持，还是技术领先？每个案例都能给创业者一些启示。从某种意义上来说，每一个创业成功者都离不开众多有利因素的共同作用，却也都有自己的独特之处。世界上没有两片相同的叶子。在学习成功案例时，不能简单地照葫芦画瓢，要认真分析，深入调查，结合自己的特点，采取相应的措施，才有较大的帮助。

案例：

得农村者得天下

今年 40 岁出头的胡伟，来自河南驻马店史庄村。生于农村长于农村的他，敏锐察觉到农村的新变化、新需求，靠在农村刷墙，他年入千万元。曾经的农村娃用自己聪明才智实现了成功，也回报了农村。

胡伟毕业于吉林工业大学计算机系，考上大学的时候，村里很多人帮着凑钱，没钱的端来一盘饺子。从那时起他就暗暗发誓，将来要为落后贫穷的乡村做些什么。

大学毕业后，成绩优异的胡伟到联想集团待了两年。但是进入一家大公司当一颗小小的螺丝钉，并不是他的志向。

2001 年，胡伟一咬牙，离开联想集团打算自己创业。在那之后，他倒腾了好多生意。

彼时，国家推行"家电下乡"政策，中影集团每个月都在全国各地 64 万个行政村放一部露天电影。胡伟的公司接了部分这些业务。

从 2009 年做到 2012 年"家电下乡"政策结束前，胡伟他们一共到农村放了 320 万场电影，也走遍了全国的几个重点省份的农村。

在这过程中，他发现尽管城镇里的娱乐休闲、生活方式已因互联网发生翻天覆地的变化，广大农村却仍然像一个个信息闭塞的"孤岛"。

从这胡伟看到了商机，他决心把互联网引进农村，让农村人也能享受互联网的便捷。说干就干，2010 年，胡伟仿照美国社交网站 Facebook 创建了针对农村地区的社交平台"村村乐"。

在这个网站上，有全国各地各个乡村的主页，供网友交友、晒照片、写日志、发布供求信息。

当时智能手机刚刚兴起，农村网民还没有很多。为了打开知名度，胡伟有意识地吸引学生、外出务工人员等从农村出去的第一批成熟网民熟悉论坛，再通过他们口口相传，网站的名气渐渐大起来。

一开始，各地村民在网站上分享猪怎么养、荔枝怎么种，还有交友的、婚恋的、寻人的。

2013 年，一名 90 多岁的台湾老兵抱着试试的心态，在"村村乐"上寻找他在大陆的弟弟，一个多月后竟然奇迹般地找到了。

网站的人气越来越旺，这时有一家家电企业找到了胡伟，问他能不能帮忙做一个市场调查，了解电视机在农村的销售情况、村民的购买喜好等。

胡伟接下单子后，发动那些在农村的网民们，按计件付款的方式，让他们帮忙做问卷调查。很快这个单子就完成了，不仅那些帮忙的农村网民赚到了钱，胡伟的公司也开始有了第一笔收入。

看到胡伟在农村的执行力这么强，这家家电企业又找到他，问能不能在农村做广告。胡伟告诉他们，在农村，广告通常是刷在墙上的。一般是刷在小卖店对面的墙上。

胡伟将这份刷墙的工作发布在"村村乐"上，村民可以自己报名来"接活"。为此，胡伟和他的团队还开发了一款手机应用，接了活的村民要定期拍照反馈，看墙上的广告还在不在，如果不在了就补上。

为了更好地深入农村，胡伟在网站设立了站长制度。在村支书、大学生村官和在外的农村大学生当中，每个村选取一位负责人来管理该村的上网用户，同时承接"村村乐"发放的刷墙、拉横幅等"任务"。这群人在当地具有较高的口碑和可信度，同时也更了解自己村的情况。这些站长通过承接上游下派的任务获得双重收益。一是经济利益，在河南一些大的县城，一个站长一个月获得的额外收益可以达到七八千元；二是心理上的满足，因为借助网站帮本村村民解决了实际问题，不少站长渐渐成了本村的意见领袖和信息集散中心，这让站长们都觉得很是兴奋。

胡伟认为，比起城市写字楼动辄数万元一个月的广告，农村平均300元一面墙，广告可以投放3个月，农村里的"墙体"价值显然更大，宣传效果显然更好。

对胡伟来说的重要转折是在2014年。当年电商巨头阿里巴巴上市，马云高喊"未来的行业爆发点在农村"。几乎与此同时，阿里、京东、苏宁等电商巨头都亲赴农村开始了浩浩荡荡的刷墙大战，农村刷墙广告一家比一家厉害……

电商巨头们的战争，给在农村市场深耕多年的胡伟带来了机会。当电商巨头们要在农村投广告时，"村村乐"比起一般的公司，最大的优势就是站长和庞大的农村网民。他们直接向企业提供详细的乡村名单，再将客户想要投广告的区域发布到网站上，并通知这个区域的网络"村官"来完成任务。这种"接地气"的方式，让胡伟的刷墙生意越做越好，客户络绎不绝找上门来做广告。

现在，胡伟的业务已经从刷墙，渗透到了"三农"领域的各个"毛细血管"，如化肥直销、招工信息和农村金融等业务。

"村村乐"与小卖部的合作形式也是多种多样。例如，为小卖部提供免费 Wi-Fi，让村民与互联网连接；小卖部使用"村村乐"品牌，帮忙发放宣传页、门口放电影、联合上游厂商做一些免费试用广告；门口竖广告牌……

现在，"村村乐"每年约有上千万元的营收，业务覆盖全国 64 万个村庄，门户站长共计 32 万人。近几年，"村村乐"一度受到资本的追捧，甚至被 VC（风险投资）估值 10 亿元。

通过"村村乐"网站接任务赚到钱的村民，大概有 10 万人，他们利用农闲时间接任务刷墙，平均每人每年最少赚 1000 元，最多的一年赚了 10 万元。

毛主席说过："得农村者得天下。"这句话放在农村创业上同样适用。

胡伟的创业故事可以给农村创业者很多思考。农村是一个庞大的市场，有太多可以想象的空间，关键在于自己如何利用这些资源，书写属于自己的创业故事。

第十章

市场和管理怎么做？

农民就业创业百问百答

87. 创业者为什么必须要研究市场？

创业者的商品或者服务最终是要进入市场销售，提供给消费者购买和使用的。如果不对市场进行全面分析，就无法了解消费者的需求和市场的特点，失败的风险就会加大。

（1）市场分析是企业市场营销活动的立足点和根本前提，成功的企业无一不是十分重视市场分析的。只有深入细致地对企业市场营销环境进行调查研究和分析，才能准确而及时地把握消费者需求，才能认清自己所处环境中的优势和劣势，扬长避短。

（2）市场分析是经营决策的基础，为科学决策提供了保证。经营决策的前提是市场调查，市场调查的主要内容是要对市场营销环境进行调查、整理分类、研究和分析，并提出初步结论和建议，以供决策者进行经营决策时作为依据。市场营销环境分析的正确与否，直接关系到投资方向、规模、技术改造、产品组合等一系列生产经营活动的成败。

（3）市场分析有利于帮助创业者发现新的市场机会，及时采取措施，科学把握未来。现实生活中往往是机会与威胁并存，且可能相互转化。好的机会如没有把握住，优势就可能变成包袱、变成劣势，而威胁即不利因素也可能转化为有利因素，从而使企业获得新生。这里，关键在于要善于细致地分析市场营销环境，善于抓住机会，化解威胁，使企业在竞争中求生存、在变化中谋稳定、在经营中创效益，充分把握未来。

88. 新产品上市需要做什么?

新产品上市，需要外界尽快接受，需要做以下几个工作:

(1) 产品宣传。"酒香也怕巷子深"，再好的商品上市都需要宣传，要让自己的产品发声，让目标客户群体知道。不同的产品都有自己独特的销售渠道，选对了销售渠道，事业就成功了一半。品牌进入渠道的方式主要有以下几种:

①聚焦进入法。集中优势，突击一点，实现突破;

②借力进入法。借助与自己相关的其他已有品牌和商品的影响力，进入市场;

③采用创新的方式。例如，借助互联网渠道让品牌发声，甘肃民勤蜜瓜借助各大电商平台和社交平台，让自己的品牌发声，蜜瓜还在地里就已经被预订一空，再不怕丰收烂果，创造了农产品销售的经典;

(2) 塑造品牌。新产品出来，通常没有品牌知名度，销售渠道和网络也没有建好，广告和促销资源也有限，为此一定要建立品牌意识，告诉客户"我是谁"。在产品还没有面世时就应该先确定好品牌的价值理念、核心内容，提前做品牌的宣传;

(3) 确保良好的消费体验。一个新产品推向市场，第一次的消费体验非常重要，第一次的消费体验良好，会带来后续消费，而产品品质和服务是否稳定，则影响其在市场的发展后劲。在商品极大丰富的今天，一旦产品品质或服务出问题，影响了客户的消费体验，那么就会立即有更好的商品和服务取代你的位置；

（4）合理的价位。价格通常是影响交易成败的重要因素，同时又是最难以确定的因素。定价的目标是促进销售，获取利润。既要考虑成本的补偿，又要考虑消费者对价格的接受能力。在定价时，可以参考同类商品的价格，可以考虑自己的成本和目标利润，作出合适的定价。

89. 怎样提高新产品的推广成功率？

（1）选好新产品推广的上市时机。如果能在旺季到来之前上市，季节推动、人员推动、政策推动三股力量同时使劲，新产品推广将会快速启动成功。

（2）选择重点区域，集中人力、物力扫街式铺货，重点突破，引爆市场，打对手一个措手不及，快速占领市场。通过高密度的市场覆盖增强经销商的信心，而且产品的高铺货率可以塑造销售气氛，同时带动周边市场。产品在终端的高铺货率是最好的终端广告，可以使消费者看得到、想得到、买得到。

（3）通过波浪式的持续推广策略，分阶段调整促销力度。

第一阶段采用大促销力度引爆市场；第二阶段减少促销力度，回归正常的通路竞争；第三阶段再次加大促销力度，进行通路和终端拉动，巩固提升销量，最终把新产品推向成功。

90. 如何快速开发区域市场？

开发区域市场就是在一个空白的区域找到合适的客户，与之建立起合作关系，实现对区域终端客户的覆盖。快速开发区域市场需要从以下几个方面入手：

（1）快速了解该区域市场的宏观和微观环境，对区域市场的规模大小、消费潜力等做出判断，设定销售目标和工作目标。宏观环境包括当地的经济发展水平、人口数量、交通物流水平等，微观环境包括当地有关本行业的主要渠道业态、市场数量、市场大小、市场特色、竞争对手在当地的表现等。

（2）通过市场走访及其他途径搜集信息，制订一段时间内客户开发的主要目标：销售目标分解、客户开发数量、客户类型、投入的资源等。明确为客户提供什么，从客户那里获得什么。

（3）搜集意向客户信息并拜访。先进行市场走访，拜访意向客户。包括直接客户和互补产品、无竞争关系的客户。拜访后根据一定的标准，筛选出最合适的客户做进一步洽谈。确定合作关系后，尽快落实相关承诺，完成客户打款、进货等事宜。

91. 如何创建自己的品牌？

品牌是给拥有者带来溢价、产生增值的一种无形的资产的载体，是用于和其他竞争者的产品或劳务相区分的名称、术语、象征、记号或者设计及其组合。也可以通俗地理解为品牌就是自己产品标识的知名度。

（1）创建自己的品牌，建议首先注册自己专有的商标。虽然不注册商标也可以打造品牌，但是一旦品牌形成知名度被别人抢注商标，自己的利益就会遭受损失，别人注册的商标名称你无法使用，或者需要高价购买方可使用。所以，创品牌最好先注册商标，注册可以自己办理，也可以找代理机构代为办理，收费在几百到几千不等。

（2）创建自己的品牌，务必确保产品优质。产品优质是品牌创建的前提条件。如果品质不良，那么你的品牌就成了劣质商品的代名词，不会产生品牌美誉度，自然也不会带来经济效益。

（3）创建自己的品牌，务必确保服务优质。在产品优质的前提下，提供优质的服务，品牌创建会如虎添翼。优质的服务不仅可以满足消费者的本次消费需要，还能带来愉悦的消费体验，从而驱动消费者在下一次有相同需求的时候再次到你这里消费。好的消费体验和品牌美誉度会带来多次重复消费，而开发一个新客户的成本是维护一个老客户成本的 5 ~ 10 倍。

（4）创建自己的品牌，需要进行适度宣传。宣传的作用是为了让更多的消费者了解你的商品和服务。宣传可以是自己投放广告宣传，也可以是老客户口碑相传等。目前在电商领域的创新营销模式社交电商，正是利用了老客户口碑相传的这个特点进行营销。

92. 如何维护自己的品牌?

品牌维护，是指企业针对外部环境的变化给品牌带来的影响所进行的维护品牌形象、保持品牌的市场地位和品牌价值的一系列活动的统称。品牌作为企业和顾客沟通的最有效、最忠诚的载体，向来倍受重视。品牌维护更是一项重要工作，关系着企业生存和持续发展。品牌的维护流程可以概括如下：

（1）推广品牌价值核心。品牌建设是一个漫长的过程，这个阶段的广告投入、文化塑造、品牌竞争力分析都将对品牌的成长起到关键作用。品牌一旦为消费者所熟悉并称道，就表示该品牌已经具有了一定的忠诚顾客群，有了无形价值，这个过程正是推广品牌核心价值的过程。

（2）品牌细分和延伸。一个深谙市场营销法则的企业可以同时运作多个品牌。如美国宝洁公司，洗衣粉品牌有汰渍和碧浪，洗发水品牌有飘柔、潘婷、海飞丝、沙宣等，不同品牌针对不同细分市场的顾客需求差异性,以满足各类需求从而达到垄断市场或市场最大化目的。但是多品牌策略并非适合所有公司,如果主打品牌还处于和顾客的磨合期,品牌影响有限、市场有限,则不宜进行多品牌策略。

(3)品牌属性及新品牌策略。品牌一旦形成就会在消费者心中形成相对稳定的印象,如日本车在美国给人的印象就是经济适用,这个品牌属性使得日本车与美国豪华车市场失之交臂。随着美国高档车这个细分市场迅速升温,日本汽车厂商想要抢占高档车市场,于是开发新的品牌,走出了美国人对日产汽车现有品牌的低档模糊印象,全新的高档车品牌应运而生。雷克萨斯从上市之初就着重对雷克萨斯的豪华进行宣传,只是在很小的地方标明是日本生产,渐渐地雷克萨斯这个新豪华车品牌被大众接受,新品牌策略获得巨大成功。

(4)及时的品牌危机公关。当出现了对品牌美誉度有重大影响的危机事件时,要及时进行品牌危机公关,保护品牌形象和价值,将危害和不利影响降到最低。

品牌是企业进行市场竞争的肱骨,要使品牌卓然出众,才能在市场竞争中谋得一席之地,因此品牌维护工作是一项长期任务。

案例:

返乡创业,协助培育"新型职业农民"

过去都往城里走,如今也有城归来。据统计,近年来农民工返乡创业累计达到了450万人,还有约130万居住在城镇的科技人员、中高等院校毕业生等下乡创业创新。这些受过现代产业训练的"城归",仿佛一颗颗种子,撒进广袤的农村沃土,伴随着各类生产要素的集聚和制度利好的释放,带来一片新气象。

吴迪是河南洛阳"85后"小伙子,2009年毕业于中国人民解放军空军指挥学院计算机专业,他觉得:"趁年轻,就应该大胆闯一闯。"7年前,他想返乡创业,父母强烈反对,认为这不是正经工作。可是吴迪认为,"只要市场有需求,种地也不丢人。"吴迪创业的想法来自一次偶遇。有一次他在孟津农家乐吃到一种薄皮、蜜甜的吊长小西瓜,10元一斤排队买。临走想再买时,已经卖光了。由此,吴迪萌生了种特色水果的想法。

他深入思考之后,邀请了他的发小张扬一起回乡创业。张扬毕业于北京经贸职业学院国际贸易专业,当时已经是北京一家外资企业的董事长助理,薪水颇丰。

吴迪的邀请让张扬犹豫不决。但张扬最终毅然放弃了大都市的生活,其中一个重要原因是:"也许我们可以做不一样的农民"。

经过7年多的努力,他们探索出的"乐活自然园"农场众创空间和智慧农业技术,可以让"零技术"的农民种出高品质的水果,不仅让当地留守妇女创造出劳动价值,使家庭收入翻番,而且吸引着越来越多的外出打工的年轻人回家种地。

他们运用物联网技术采集空气温湿度、土壤温湿度、光照强度、二氧化碳浓度等数据与植物生理数据,同时与技术人员的工作经验做唯一性匹配,经过大数据分析后,形成每日标准流程和动作指令，发送信息到每一名大棚主管者手机上。主管只要按照流程，安排大棚工作人员完成指定动作即可。一天结束后，主管再对工作进行验收并录入大数据中心，人工智能系统会继续优化每天的工作内容。

他们农场众创空间的成员在他们的培训和指导下，自己承包大棚，从以前年入千元变成现在年入近10万元。他们还将这种模式在南阳、商丘、长春进行了复制，辐射带动1000多人创业，年产值4000多万元。接下来，他们要带动更多的人进行标准化农业生产，让农业变得更简单，让农民增收更轻松。

两个农村出去的大学生不仅自己创业成功，还协助培育了众多"新型职业农民"，并且"一人创业，带动致富"，带领家乡的父老乡亲走上共同致富的道路！

第十一章

农民创业如何结合
新经济互联网？

93. "双创"对农民创业什么影响？

2014 年 9 月，国务院总理李克强在夏季达沃斯论坛的讲话中提出"大众创业、万众创新"。2015 年在政府工作报告中又再次提出。随着这一号召的提出，越来越多的基层农业工作者将关注焦点和工作重心转移到农村"双创"上。创业，除了需要一腔热血外，更需要理念、技术、资金、管理能力等"硬指标"。没有思路、赤手空拳搞创业，是行不通的。如何让返乡人员在创业时"回得来、留得住、做得好"，这是面临的首要问题。

政府应对"双创"人员的需求及时作出各种转变，树立服务意识，搭建多种平台，增强创业者的凝聚力和抗风险能力。在创业融资方面，注重引导性，设立门槛，强化监管。对符合政策和产业方向的，有利于群众共同致富的，示范能力强、带动面积广的，能激发农村新动能的项目优先给予融资和扶持等。"双创"将引导和促进政府、金融机构等多方面转变，为农民创业提供辅助和支持。

94. 分享经济能带来什么创业机会?

分享经济指能够让商品、服务、数据以及才能等有共享渠道的经济社会体系。关于分享经济,可以分享两个不同的案例供大家思考:

滴滴出行是分享经济的样板之一。滴滴的车主用户分享自己的闲置座位资源,滴滴用户使用资源付费。滴滴公司提供对接闲置资源的平台和服务。2012 年 9 月,滴滴打车在北京上线,启动资金仅有 80 万元。三年之后,滴滴已经从最初的出租车打车软件,发展成为具备出租车、专车、快车、顺风车、代驾、巴士六大业务线的全球最大的一站式移动出行平台,拥有两亿用户和 800 万名司机,每天服务近千万人次出行。

还有一类与滴滴不同的分享经济模式。广东芬尼克兹节能设备有限公司是一家新能源和环保科技的创新型企业,亲热PHNIX 是其旗下的高端采暖产品,传统的中央空调和地暖都是通过门店展示、用户体验,然后完成交易,用户付款之后就很少再有连接了。公司设计了一个全新的商业模式:把产品和服务做到极致,让购买亲热 PHNIX 产品的用户成为亲热 PHNIX的粉丝,给予粉丝特有的福利。这样粉丝和亲热 PHNIX 就会建立亲密的联系,还会主动传播,把自己的家当成展厅,向周围的邻居或者亲戚推荐亲热 PHNIX 的产品，而公司也会给优秀的粉丝更多展示的机会和福利。这些用户被称为"天使用户"，也是"粉丝＋销售员"。

商业的创新不单单是技术的创新，更多的是生态的，整个商业模式的创新，从分享经济中去探寻商业创新的基因，借此可以改造更多的行业。农民创业，也可以从分享经济的各个案例中找寻创意，将分享经济的理念应用到自己的创业中去。

95. 农村电子商务的发展趋势如何？

农村电子商务配合密集的乡村连锁网点，以数字化、信息化的手段，通过集约化管理、市场化运作、成体系的跨区域跨行业联合，构筑紧凑而有序的商业联合体，从而降低农村商业成本、扩大农村商业领域，使农民成为平台的最大获利者，使商家获得新的利润增长。自 2015 年开始，国家层面涉及农村电子商务的政策开始陆续发布和实施。2015 年，电子商务进农村综合示范工作的 200 个示范县名单，中央财政安排 20 亿元专项资金进行对口扶持发展农村电子商务。重点全力扶持中西部地区，特别是革命老区的农村电子商务发展，资金的使用重点向建设县、乡、村三级物流配送体系倾斜。在新公布的 200 个示范县中，中西部县区占 82.5%，贫困县占比超过 43.5%，包括赣南、黔东、陇南、陕北等革命老区，每一个试点县将拨款1000万元扶持。

2016至2017年，为了促进新型农业经营主体对接流通企业与电商企业，推动线上线下互动发展，相关部门在精准扶贫的政策中将农村电商纳入其中，这标志着农村电商迎来重大变革。随着农村电商发展，农产品上行、农村物流、生态体系构建更加完善。

2018年至今，各大龙头电商企业开始抢夺农村电商市场，进行新零售的布局，阿里投资45亿元入股汇通达，在供应链、渠道、仓储、物流、技术系统等维度展开深度合作。除龙头电商外，社交零售领域的新锐企业云集、达令家等也通过自己的销售平台开展电商扶贫活动，精准对接产地农产品，利用自己强大的销售和供应链体系，帮助农民第一时间将丰收的农产品送到终端客户的手中，原来只在区域销售的土特产纷纷成为网上的畅销网红商品。

伴随农村电子商务的发展，农旅结合、乡村旅游、休闲农业、电商扶贫、农产品预售等必然会得到进一步的发展。这中间必然带来更多的就业和创业机会。

96. 怎么做微商创业？

微商是基于移动互联网的空间，借助于社交软件为工具，以人为中心、社交为纽带的新商业模式。2019 年 1 月 1 日，《中华人民共和国电子商务法》正式实施，微商纳入电商经营者范畴。

（1）微商模式：微商 = 消费者 + 传播者 + 服务者 + 创业者。

（2）微商现状：中国电子商会微商专业委员会发布的《2016—2020 年中国微商行业全景调研与发展战略研究报告》显示，截至 2016 年年底，微商从业者近 3000 万人，微商品牌销售额达到 5000 亿元。2017 年将保持 70% 以上的增速，释放出 8600 亿元的销售额。其中，美妆、针织、母婴、大健康、农特占据着微商主要市场份额。

中国移动互联技术非常发达，智能手机已经在城乡普及，农民除耕种作业时间外，剩余的农闲时间相对充裕，如果能利用移动互联技术和微信、微店等平台，将闲暇时间开发利用，也能创造可观的收益。据报告显示，农特产品也占据了微商的主要市场份额，农民手中掌握着一手资源，如果能够通过微商营销打开销售通道，将极大提高农民的收益。

目前微商主要是基于微信生态环境进行商品展示、销售等。微商经营有几种常见的方式：

（1）朋友圈发布信息。朋友圈相当于一个免费的广告位，看朋友圈的人就是你的潜在客户，为此你需要解决的第一个问题就是获得更多的潜在客户。

（2）建立微信群销售。微信好友数量有限，且因为微信技术设置原因，朋友圈的内容仅有你的部分朋友可以看到，因此建立微信群销售成为一个重要的方式。微信群内的成员如果在你这里消费并获得了超值的体验，就会再邀请其他非你的微信好友进入此群，那么你的群人员数量即潜在客户数量将不断增加。城市里很多小区已经有商家建立了社区销售群，定期播报商品特惠信息，有需要的客户直接通过微信获取信息、下单购买，且复购率非常高。

（3）通过微信公众号营销。建立自己商品的公众号，通过长期微信公众号运营获得粉丝，打造品牌形象和流量入口。也可以通过拥有大量粉丝的明星、专业人士、网红等的公众号发布软文进行产品推广等。

微商作为一种新商业模式为个体低成本创业打开了一个通道。农民在创业初期，可以尝试用多种方式打开市场，也可以在现有微商模式基础上进行创新。

97. 农村电子商务创业有什么诀窍？

农村电子商务发展前景广阔，但是机会和风险是并存的。在电商创业过程中，需要注意以下几个方面：

（1）不能只做线上。有部分创业者认为既然是做电商，就专心做线上就好了。但其实线上线下相结合，才能将电商做好做大，更好地占领消费者的市场，获得更全面的客户体验。

（2）不要依靠政府补贴。国家政策支持返乡创业，重视农村电商，这一信号使得部分创业者觉得既然政府扶持，那就等着政府来帮我。这种想法是不可取的。做任何事情，只有自己主动才能做好，如果初衷就是"等靠要"，那是不会获得成功的。天助自助者，只有自己努力拼搏，别人才会给你雪中送炭、锦上添花。

（3）不贪多，做专业。有些创业者为了把市场做大，什么都卖，"贪多嚼不烂"，导致产品数量多，品质不稳定。质量不过关，做一单死一单。为此，在自己能力有限的情况下，尽可能专心做某一单品或某几个单品，确保产品品质和服务，做到当客户想购买某样商品的时候，你是他的第一选择。

（4）大小平台都要做。很多做农村电商的商家都只想进驻天猫、淘宝、京东等大型网购平台，然而这样的平台进驻费用很高，经济压力大。其实，除了这些大型平台外，一些小平台同样有精准的客户，投入少，客户精准，多合作几个这样的平台，一样可以形成可观的销量。

（5）重视本地化，不要舍近求远。农村电商帮助农村创业者打破了信息的壁垒和地域的限制。但是千万不要因为做了电商，就把目光都放在远处。有时候本地的需求更旺盛，市场更大，切不要舍近求远，很多农产品不需要跨省交易，以当地农产品为依据，本地供应，销售更加容易。

案例：

农村电商助力打赢脱贫攻坚战

（1）陇南模式。陇南市地处甘陕川三省交界处，是甘肃省唯一全境属于长江流域的地区，由于"山大沟深，消息闭塞"，是国家确定的秦巴山片深度贫困地区。陇南气候宜人，雨量充沛，光照充足，森林覆盖率高，素有"陇上江南"的美称，发展农业特色产业的优势十分明显。然而长久以来，陇南市却面临"富饶的贫困""抱着金饭碗讨饭吃"的尴尬境地。武都的花椒、宕昌的中药材、成县的核桃、陇南的油橄榄……这些藏在陇南大山深处的"珍品"在很长一段时间处于"养在深闺人未识"的状态。

陇南从 2014 年开始在全市 9 个县区开展电商扶贫试点，通过发展农村电商，甘肃陇南出产的苹果、核桃、花椒、橄榄油、茶叶和纹党、黑木耳、狼牙蜜、中药材等特色农产品销量大增，价格提升，给农民群众带来了实惠。同时，前往陇南观光旅游的外地游客也大幅度增加，乡村旅游遍地开花，为农民增收和解决就业开辟了新的渠道，也带动了物流、快递等相关产业的发展。2015 年全市贫困人口因电商扶贫机制人均增收 430 元，2016 年人均增收 620 元，2017 年人均增收 710 多元。

截至 2018 年 9 月底，全市共开办网店 14602 家，微店 1 万多家，市、县、乡三级电商扶贫服务体系基本建成，培训人数23 万人次，累计实现农产品网络销售 118.28 亿元；拥有各类物流企业 296 家、快递服务站 1028 个，宽带覆盖率达到99.7%。在与淘宝、天猫、京东、苏宁等主要电商平台主动合作的同时，自建了电商孵化园、创业园和产业园，进一步夯实了全市电商发展的基础。

陇南"政府推动，先托后扶再监管；市场运作，企业为主生活力；百姓创业，广泛动员齐参与；协会服务，三商联动一盘棋；微媒营销，绿色产品美名传"的措施和办法，总结出了"政府引导是关键、搭建平台是基础、配套服务是保障、产品质量是根本、微媒宣传是重要手段"的电商扶贫"陇南模式"。

（2）武乡经验——打造"微店村"，助力农民增收。山西省武乡县是国家级贫困县，也是国家扶贫开发重点县，随着互联网与传统行业之间的深度融合，武乡县积极开展电商扶贫，打造独具特色的"微店村"，形成"一户一店带全家，一村多店带多户，整村微商带全县"的武乡电商扶贫模式。微商是脱贫的重要渠道。武乡县在岭头村的示范带动下，全县形成多个微店村带动贫困户增收，岭头等5个"微店村"率先实现了整村脱贫。通过"小米县长""电商三杰""微商大爷""老魏直播"等网红宣传，助力全县微商发展。通过做精小米产业，借力微商快速发展，产业与微商发展相互促进，为电商助力脱贫攻坚作出积极探索。

武乡县的具体做法是：

①打造山西第一"微店村"，实现岭头村整村脱贫。先是建立"一号三群"，打破岭头村信息闭塞局面。"一号"即微信公众号。2016年4月份，岭头村微信公众号对于推广梨花节发挥了重要作用，微信公众号点击量、转发量超过了5万余次，吸引3000多游客来岭头赏花观景，取得了良好的经济效益和社会反响。三个微信群，凝聚了400多名在家及在外村民，为分

享经验，集思广益提供了便利。然后通过开微店增加经济收入，开辟脱贫新路径。通过践行"树立一个典型，吸引一批精英，带动全村开店"的三步走办法，率先在全省打造了"微商第一村"；

②做精小米产业，借力微商快速发展。一是全力打造"武乡小米"区域公共品牌。在全县铺开电商订单农业，带动18个产品获得绿色食品认证，涌现出每斤80元"晋黄羊肥"的高端小米品牌，网销小米等农产品产地认证面积达到21510亩（1亩≈666.67平方米），极大地促进小米种植的标准化、产业化、规模化和小米产品的网货化和品牌化。二是塑造"小米县长"为首的一批网红。通过组建微商创业联盟抱团发展，带领微商组团赴浙江、安徽等地实地考察学习，对接微店总部争取广告流量扶持、对接中国电商协会引进网红经济、直播营销、社群营销、分享经济等，形成了从上到下的"小米县长""电商三杰""微商大爷""老魏直播"等网红宣传体系，助力全县微商发展。在"小米县长"网红效应下，当年销售小米突破3000万斤（1斤＝500克），每斤溢价高达1元，带动全县1.7万多贫困户，户均增收2500多元。三是打造小米原生态供应链。采取"公司＋合作社＋贫困户"的模式，全部实行传统种法，施纯天然羊肥，土地轮茬种植，不施化肥、不打农药、不放除草剂，确保为消费者供应最安全最健康的食品。四是从政策、金融、奖励等方面给予"微店村"大力倾斜。县政府设立电商财政专项资金，支持贫困村建设"微店村"、网货开发、教育培训。从财政上拿出200万元抵押金，撬动电商贷2000万元。每年拿出50万～100万元，奖励大学生、返乡青年和贫困户电商

创业创新。在全县形成了"一店带多户、多店带一村、一村带多村"的发展局面。截至目前，全县已经发展微商 5000 多家，实现交易的有 1100 多家，其中有 50% 是贫困户。特别是 2017 年电商扶贫取得了阶段性成效，"武乡小米"得到了国家农产品地理标志认证；2017 年 10 月 9 至 10 日"武乡小米"区域公共品牌发布会暨微商扶贫论坛和全省电子商务进农村综合示范暨电商扶贫工作推进会在武乡拉开帷幕；11 月 10 日由中央电视台财经频道直播的"厉害了我的国·中国电商扶贫行动"走进武乡，更是让武乡电商锦上添花，仅仅三天武乡网商共计接到武乡小米订单 224118 单，销售武乡小米 996472 斤，销售额 9267189 元，涉及农户 1414 户，户均增收 2100 元。

后　记

提笔写这篇后记时，心中感慨万千。"我想让你更幸福"——这是我对农民兄弟们生活的最真实期盼，看起来太过感性，然而这就是我内心最真实、最直接的想法。

有人说"往上数三代，祖上都是农民"，这句话虽然不够精确，但中国很大一部分群体是这样的，包括本丛书的作者们：或是出生长大在农村，或者有过农村的生活经历，或者祖上就是农民。他们对农村、对农民的感情是真挚而深刻的。当丛书主编何丞先生一发声，说想一起编写一套为农民而写的书时，大家一拍即合。而我既高兴又惶恐：能为农民做一点事情，很高兴；又怕自己能力有限，很惶恐。不过，我希望农民们越来越幸福，这是内心真实的声音和期盼，于是我接下了这个任务。

中国是农业大国，十几亿人口中，农民占了九亿。这个群体是一个怎样的存在呢？从依靠农工阶级，农村包围城市，到依托农民建立敌后抗日根据地，再到农民用小推车推出三大战役的胜利，中华人民共和国成立后、改革中，农民放下锄头，参与城市建设……这一幅幅画面，让我们看到农民这个质朴的群体在战争年代、发展建设时期等各个阶段默默作出的各种巨大贡献。

　　伴随着中国改革开放的脚步，中国农村的面貌和农民的生活发生了翻天覆地的变化，很多农村地区人民的生活幸福指数甚至超过城市。但是同时也存在着一些地区的农村和农民，他们的生活依然需要极大改善。我们常说的人民群众的幸福感和获得感——这个"人民群众"的大部分都是农民，小康不小康，关键看老乡，也是这个道理。

　　幸福的来源有很多，每个人的内心感受也不同，我在东北边陲的小镇长大，在我的理解中，我的乡亲们的幸福的一部分就是"有事做，有钱挣"。他们不怕辛苦，勤劳肯干，除了"种地"，他们愿意用自己的勤劳和汗水去创造更多的财富和更美好的生活，只是很多时候他们不知道能做什么，要怎么做。于是，我和世超选择了农民就业创业的主题。虽然我们的智慧有限，但是我们也希望能为想要靠自己的努力创造更美好生活的农民兄弟提供一点帮助和指引。本人师从中山大学顾乃康教授，主要研究企业管理、创业、商业计划等，在顾教授的指导化育下，对创业有一点自己的思考；在高校执教，从事创新创业等研究，也曾指导企业参加广东省科技创新创业大赛夺得冠军；世超兄在基层一线人力资源社会保障部门工作，对就业工作非常熟悉，所以我和世超共同完成了农民就业创业这本书。书中选取的内容都是农民最为关心的问题，例如怎么找工作，社保医保怎么缴、怎么用，怎么才能领取退休金，孩子在城里如何读书，创业能做什么，怎么经营，互联网时代怎么低成本创业等问题。

　　在本书的编撰过程中，参考了大量相关的书籍、网络资料，也得到了很多同行的指导和帮助。感恩主编何丞先生的邀请和指导，感谢家乡乡亲给予我写作的动力和需求调研的支持，感恩作者李世超先生的共同努力，感恩出版社的信任和帮助。因为时间和能力有限，本书可能存在诸多不足之处，还请各位书友不吝赐教，我们会不断完善改正。

胡延华

2019 年 8 月